电力需求侧管理智慧能源研究与实践

周克楠　黄书荣　黄宇魁　程细南　李畅　吴元杰　编著

中国电力出版社
CHINA ELECTRIC POWER PRESS

图书在版编目（CIP）数据

电力需求侧管理智慧能源研究与实践/周克楠等编著. —北京：中国电力出版社，2022.4
ISBN 978-7-5198-6702-7

Ⅰ. ①电… Ⅱ. ①周… Ⅲ. ①电力工业–工业企业管理–用电管理–研究–中国 Ⅳ. ①F426.61

中国版本图书馆 CIP 数据核字（2022）第 065075 号

出版发行：中国电力出版社
地　　址：北京市东城区北京站西街 19 号（邮政编码 100005）
网　　址：http://www.cepp.sgcc.com.cn
责任编辑：岳　璐（010-63412339）
责任校对：黄　蓓　于　维
装帧设计：张俊霞
责任印制：石　雷

印　　刷：三河市百盛印装有限公司
版　　次：2022 年 4 月第一版
印　　次：2022 年 4 月北京第一次印刷
开　　本：710 毫米×1000 毫米　16 开本
印　　张：9.25
字　　数：152 千字
印　　数：0001—1500 册
定　　价：48.00 元

前　言

电力系统是由电力供应侧（供电部门负责的发电、输配电系统）与需求侧（企业、建筑与居民大量的用电设备）构成。电力供应与电力需求每时每刻都需要达到动态平衡才能保证电网的频率（或者是电力客户用电设备需要的频率。我国电力客户用电设备的供电频率稳定在50Hz，过低与过高的供电频率都会导致用电设备的低效率甚至事故）。当电网的频率无法控制时，就会造成电网崩溃，大面积停电。这种情况过去在世界上许多国家都曾发生过。

电力需求侧管理关注用电侧客户的用电设备与用电习惯如何影响与优化电网平衡、安全、系统性的节能效果及电网投资效率。如果出现突然的高温或大量电力用户统一采取一致行动减少用电负荷，整个电网就会面临大的挑战。理论上电网的许多发电机组可以瞬间停下来，但实际上操作十分困难并需要承担较大的安全风险，必须事先做好充分准备。随着新能源、分布能源、电动汽车、储能等的发展，电网发电与用电的不确定性大大增加，在夏季的某一些时段，发电与用电负荷发生突变压力越来越大，传统电网平衡调节方法已越来越无法满足要求，必须寻求新的、低成本的方法，这就是国际普遍采用的电力需求侧管理。

电力需求侧管理是指通过采取有效的激励措施，引导电力用户改变用电方式，提高终端用电效率，优化资源配置，改善和保护环境，实现最小成本电力服务所进行的用电管理活动。目前我国的电力需求侧管理内容主要包括能效电厂、移峰填谷、需求响应、在线负荷数据监测、直接负荷控制等。电力需求侧管理是促进电力工业与国民经济、社会协调发展的一项系统工程，是国家能源战略的重要组成部分，是缓解电力供应紧张状况，提高电力使用效率的重要举措，对促进能源、经济、环境协调发展具有重要意义。从企业层面看，过去一个企业投入资金进行能效改善项目是出于自身成本节约的考虑，在项目完成后没有意识到这样的行动对电网大系统的贡献。实际上，当一个企业完成一个能效改善项目，例如更换成低能耗LED灯，除了自己得到电费的节省以外，实际上对区域或国家的电力系统做出了贡献。例如，当把一个企业的1000个传统日光灯更换成LED灯时，如果每个灯能节约100W的电力或负荷，这个企业就能让电网少提供100kW的发电容量，从而能够永久性地减少发电企业100kW的发电投入，带来发电厂、输配电设施投入的减少、燃煤量的减少、线损的下降、温室气体排放是减少、运行管理人员费用的节省等等，从系统层面给国家带来显著的节省，同时电力投资的缓解与电力投资资源的有效利用能够缓解电价的上升。就像古典经济学家亚当斯密解释国家财富来源的根源那样，“劳动者为自己获取更多收入的劳动是国家财富积累的源泉”，电力用户个体的节能、节电行动导致了国家电力系统效率的提升、投入的节省、电费的下降。

从全球视角看，我国电力需求侧管理潜力巨大，主要的原因是：

（1）中国目前是世界上发电容量最高的国家，2013年底中国的电力装机容量就超过美国达到12.5万亿kW。

（2）长期以来，由于电价的主要构成是电度电费，电力用户普遍对容量/需量电费不敏感，只关注每月用了多少度电，不关注什么时候该用多少电，基本上不了解用电负荷的含义，基本上都没有节约负荷的理念。

（3）中国许多城市人口密度高，电力负荷密度大，受土地及已有建筑的限制，电力增容、扩容难度较大，而且用电客户的用电行为比较相似，仅靠电源侧调节，电力平衡难度日益增加。

（4）从人均用电量水平来看，中国仍有很大的提升空间，未来电力需求长期短缺的情况不会改变，尤其是高峰电力需求。

（5）新能源、储能、分布发电、电动汽车、微电网等将不断发展，电网需要更多的柔性条件负荷，这些新的能源形式也创造了更多的需求侧负荷调节资源。

但在过去相当长一段时间内，在我国，对许多数人来说，电力需求侧管理、电力需求侧管理城市综合试点等活动都相当陌生。2012 年底，国家发改委批准佛山、苏州、北京、唐山首批 4 城市开展电力需求侧管理城市综合试点，要求经过 3 年时间试点每个城市都能削减一定的电力负荷，由此开始了 4 城市电力需求侧管理城市综合试点的 3 年历程。经过了 3 年多时间需求侧管理试点，社会对需求侧管理逐渐熟悉起来，需求侧管理试点城市取得了很大的进步，获得了一定的成果与经验，电力需求侧管理已经开始成为行业熟悉的名词。经过试点城市的需求侧管理项目实施，电力终端客户、供电企业、政府、电能服务商对电力需求侧管理的原理、方法、手段、体系等有了比较深的认识。

作为南方电网区域唯一的试点城市，佛山需求侧管理城市综合试点得到了南方电网、广东省、佛山市各级政府、社会团体、电能服务商，特别是参与试点企业的广泛关注与支持，试点参与各方共同研究、探索、实践、学习、提高、创新，解决了试点过程中出现的许多挑战，在试点过程中涉及的企业有上千家，形成了较大的社会影响。

城市规模的需求侧管理综合试点在中国是一件前所未有的创新事物，从企业参与规模、组织管理模式、激励办法等方面看在世界范围内基本没有先例。电力需求侧管理是一个集经济、技术、管理、市场为一体的庞大系统工程，涉及试点城市社会的各个方面。在试点过程中，在政府的领导与供电局的积极配合下，参加各方开拓进取、勇于创新，不断发现问题，用创新的思维与勇气解决试点中出现各种问题。与全国其他试点城市一样，佛山电力需求侧管理城市综合试点没有先例可供直接参考，在开始时也走过了一段摸索之路，很多情况下都是“摸着石头过河”。政府、电网公司、电能服务商、终端电力用户需携手共济才能完成国家的试点任务并创建一种持续、可复制、可推广的电力需求侧管理的发展之路。

本书以佛山市为实践开展的对象，对电力需求侧管理综合试点工作历程进行回顾、分析、总结，同时对于在需求侧管理过程中出现的问题进行深入研究，介绍解决方案。全书共分上下两篇，上篇讲述电力需求侧管理的探索与实践，下篇讲述电力需求侧管理的应用研究，全书共 14 章，上篇 6 章，下篇 8 章。

编者

2021.11

目　　录

上　篇

电力需求侧管理的探索与实践

1 电力需求侧管理基本原理与发展趋势

1.1 能源与环境的挑战

随着人口的持续增加、经济的不断发展、人民生活的不断改善，以电力形式的化石燃料能源的使用越来越多，造成空气的污染、大量的温室气体源源不断地排向地球的大气层，全球变暖已经是一个不争的事实。全球变暖引起冰川融化、海平面上升、热浪侵袭、暴风雨灾害、干旱、疾病及生态系统的严重破坏。

温室气体排放增加、气候变暖、极端天气的频繁出现的挑战需要世界各国的共同努力去应对。2015 年 12 月初巴黎气候变化大会在法国巴黎举行，200 个缔约方经过协商努力，终于在 2015 年 12 月 12 日晚通过全球气候变化新协议—《联合国气候变化框架公约》。该协议的目标是把全球变暖限制在“远低于前工业化水平之上 2℃”，并为把升温幅度控制在 1.5℃之内而努力，必须削减 40 亿 t 温室气体排放量。

该协定旨在限制全球的温室气体排放，在国际社会力图防止全球变暖达到危险水平的长达 20 多年的努力中，该协议标志着一个转折点。协议将为 2020 年后全球应对气候变化行动做出安排。协议共 29 条，包括目标、减缓、适应、损失损害、资金、技术、能力建设、透明度、全球盘点等内容。

1.2 需求侧管理基本原理

电力需求侧管理是指通过采取有效的激励措施，引导电力用户改变用电方式，提高终端用电效率，优化资源配置，改善和保护环境，实现最小成本电力服务所进行的用电管理活动，目前我国的电力需求侧管理内容主要包括能效电厂、移峰填谷、需求响应、在线负荷数据监测、直接负荷控制等。电力需求侧管理是促进电力工业与国民经济、社会协调发展的一项系统工程，电力需求侧管理是国家能源战略的重要组成部分，是缓解电力供应紧张状况，提高电力使用效率的重要举措，是科学发展观的具体体现，对促进能源、经济、环境协调发展具有重要意义。过去一个企业投入资金进行能效改善项目是出于自身的成本节约的目的，在完成项目后没有考虑这样的行动对电网的影响。同样，如果大量企业在夏季用电高峰的时候，适当削减一部分用电负荷，就能减少大量发电厂与输配电设施的建设，这就是电力需求响应试点补贴的原因。

随着科技的进步，经济环境和国家宏观政策的调整，作为电力需求侧管理实现手段的需求响应得到了广泛的关注。需要强调的是，电力有不易存储，同时存储成本也很昂贵的特点，特别是在用户端。而电力系统实现安全可靠运行的关键是电力必须始终保持供应和需求的平衡。一直以来，保持供需平衡是由供电侧承担的。在实际操作中，一定时间段的需求量的多少都是根据预测值来确定的。电力系统的运营机构根据预测值确保电力供应能力能够满足需求。对于像我国电网公司这样的一个中央集中系统，维持供需平衡的任务是由中央运营人员负责的；而对于一个市场化的电力系统，价格信号会在维持供需平衡中起到关键的作用。需求侧，即用电客户，一直是处于被动的地位。

1.2.1 供应方调节的基本原理

以供应方为中心的调节系统是以电力供应的基本特征为依据的，主要包括以下几个方面：

（1）可控性和可靠性。电力系统是由大型发电机组构成的，这些发电机组通常是由系统运营人员直接控制。这些为数不多的大型发电机组为成千上万个客户供应电力，通常情况下这些客户的用能状况是不能直接控制的，大多数情况下也是不能实时监测的。因此电力系统运营人员就发现调节供应方要比调节需求方容易得多。

（2）协调和聚合。即使有些地方需求方是可以直接控制的，交易成本和在一定时间内协调和聚合一定数量的客户的不确定性也是构成利用需求侧资源实现调节的主要障碍之一。

（3）经济的可行性。就技术可行性而言，选择需求方和供应方都是没有问题的。实际上，降低需求对用电客户来说也就是关闭一些用电器，而供电方的发电机启动和达到要求的发电量是需要一定的时间的。从经济方面来看，在过去的时间里调节需求方要比调节供应方容易实现得多；发电机启动和上升阶段的成本不高，发电厂也是根据供电的这种特征而建造的。

1.2.2 电力系统正在发生的变化

尽管从传统方向以来一直采用供应侧来调整供需平衡，随着科技的进步，电力系统正在发生着变化，同供应侧一样，需求侧作为一种系统资源也越来越受到关注。这种变化反映出了一些重要的发展趋势：

（1）技术变化。供应侧和需求侧两方都在经历着技术的变化。间歇式可再生能源，例如风能，大幅度地并入电网，使得供应侧的可控性变弱，另外分布式能源像太阳能光伏得到广泛的应用，改变了传统的供应模式。不能再理所当然地认为供应侧比需求侧可控性强，需要的聚合资源少。重大技术进步正在影响着电力需求侧，其中包括智能电表和智能家居的普及应用。本土化的发电资源的增长使得需求侧有更大的操作可行性和可控性。

（2）运营机构的变化。另外，由于电力市场的放开，运营人员更倾向于使用价格信号作为调控系统平衡的手段而不是中央控制。在许多开放性的市场里，电厂的建设通常是由私有投资者决定的，是由电厂的所有者决定是否建造新的电厂，而不是由电网运营机构决定。通过日益完善的市场化手段维持电网的安全运行已成为大势所趋。基于这样的背景，系统运营机构也越来越能够接受使用需求侧作为电网调节的资源。

（3）经济方面也在发生着变化。随着新型智能技术的发展，协调和聚合的成本、远程监控成本以及客户端的控制设备的价格大幅度下降。同时，供应侧的成本方面也在发生着变化。间歇式发电的增长需要更为灵活的发电机组来调整发电输出，调整频率会更大，发电机组的运营时间就会下降。这样就造成了启动和上升阶段的成本增加。那种认为供应侧调整更为经济的观念将失去原有优势。

（4）政府政策正在发生着变化，特别在强调脱碳和减少对环境影响方面越来越重视了。政府鼓励建筑使用再生能源和其他低碳的发电厂，例如风能和太阳能的间歇式发电或像核能和具有碳捕捉和存储技术的发电方式。

1.2.3 需求侧管理基础作用

作为电力体制改革主要内容之一的需求侧管理是削减峰值时段用电需求

的一种传统方式，通过需求侧管理供电公司可以实现延迟供电能力建设的目的。事实上，在削减用电的整体负荷方面，需求侧管理可以提供诸多的优势，包括减少电力系统突发事件的发生，减少停电发生的概率，增加系统的可靠性。另外，还包括减少对进口能源的过度依赖，降低能源价格，减少由于有害物的过度排放对大气的影响。总之，需求侧管理在延迟由于新建发电厂，新建传输和分配系统而需要的高投资方面起到了至关重要的作用。因此需求侧管理应用于电力系统能够在经济、可靠性和环境方面带来很多有利的优势。

当需求侧管理应用于能源的整体消耗—不仅仅是电的消耗，还包括各种类型的燃料的消耗，为终端能源用户带来可观的成本节约，并相应地降低排放。降低能源需求的方式有很多，有低成本的，甚至还有不需要任何花费的方式。采用一个好的且短期内可行能源管理系统是大多数企业及个人最为关心的事情。

推广或实施需求侧管理的原因有很多，以下是需求侧管理要解决的主要问题：

（1）降低成本——许多的需求侧管理和节能的措施都是致力于降低能源成本，满足能源需求；

（2）环境和社会方面的整体改善——提高能效和需求侧管理都致力于通过减少能源的使用来实现环境和社会价值的双重目标，从而减少温室气体排放；

（3）可靠性，电网的安全——在短期内，通过一系列的措施降低需求以保证系统的安全，可靠运行。长期来看，可延迟了电网系统新投资需求；

（4）改善了电力市场——短期来看，通过降低峰值负荷，改善了由于发电量降低或电网输送能力不足引起的高电价状况；

（5）国家能源政策的要求。用电客户参与需求侧管理活动也有很多原因，通常有经济、环境、市场或调节等因素。对于用能客户、企业、电网公司，参与需求侧管理可实现的价值如下：

1）减少了客户能源支出；

2）减少了对电厂，电的传输和分配网络的建设需求；

3）刺激经济的发展；

4）由于新技术，创新的应用而带来的长期就业机会；

5）促进了当地企业的合理竞争；

6）降低了空气污染；

7）减少了对国外能源资源的依赖；

8）降低了用电高峰期的电价。

站在国家层面来看，由于减少了对进口能源的依赖，对于实现能源供应安全有深远的意义。例如，作为原始资源的石油主要集中在中东少数的国家，许多国家对石油的依赖造成了地域性的政治紧张。因此，从国家层面看，实施需求侧管理的四项最主要的原因是：

（1）环境方面，期望实现与温室气体排放相关的全球气候变暖的减缓；

（2）市场方面，期望好的公众形象；

（3）市场方面，期望服务质量的改善；

（4）法律法规，期望政策激励。

电力需求侧管理与社会、经济、环境及科技创新之间的关系如图 1－1 所示。

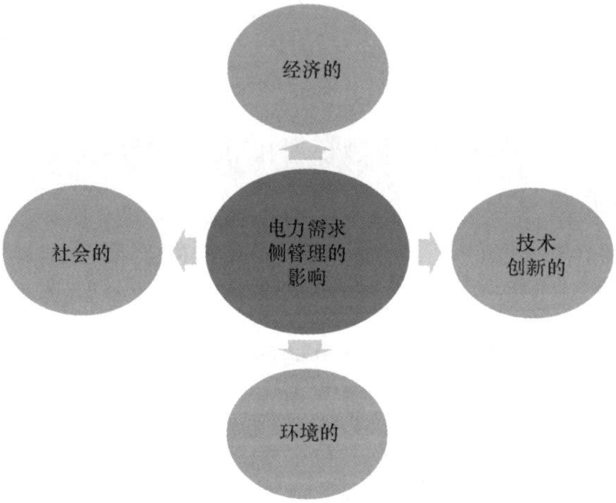

图 1－1　电力需求侧管理的影响

1.2.4　需求侧管理的驱动力

实施需求侧管理的动机对参与需求侧管理的各方也是各不相同的。对于电力公司说，削减或转移用电户的能源需求也就意味着避免或延迟了建造额外发电能力的需要。这样的话，也就避免或延缓了由于投资新发电系统的建设而提升的能源价格，最终还是由用电户买单。对广大用电户来说，实施需求侧管理就可以通过有效的利用能源和节约措施来削减其用能费用。对于工业用电户，需求侧管理帮助他们实现了生产成本的降低，使他们的产品更富竞争性。对于家庭用电户来说，需求侧管理帮他们省钱，省下的钱就可以用于家庭的其他花销。对于政府机构来说，实施需求侧管理的关键驱动力也是能够更有效地用能，最终是需求的减少，用能花费降低。用能客户也可从供电公司提供的种种激励政策中获益。

其中高耗能机构如工业制造企业和楼宇业主对需求侧管理都有强烈的兴趣，主要是能够帮助其降低能源消耗，降低能源费用，同时也有助于维持一个可靠的能源供需平衡。这是所有工业用能机构所关注的问题。工业企业通常通过采用各种节能措施来降低总的用能需求。工业企业也可以通过加工流程的调整，例如将用能需求高峰重新调整，使需求能够长期或不同的时间段都能处于平稳均值的状态。这样工业企业就实现了高效运行。

如果仅仅是通过调整工艺操作实现高效运行的话，需要的投资其实是很少的。其他的，例如更换高效电机或采用变速电机，将会需要相对较多的投资。在决定采用何种方式之前，需要制定一份详细的财务评估报告，分析什么地方可以节能，为实施这些节能措施所进行的投资什么时候能够收回，可采取的直接节能行动有哪些，而这些都需要专业咨询机构来实现。

对于楼宇业主或设备操作人员来说，有很多的节能方式可以选择。例如，根据需求状况调整灯具布局，供冷和供暖系统。高耗能设备的淘汰及新控制系统及设备的应用，如智能电表等。

总的来说，推广需求侧管理的理由主要来自两点：

（1）节约成本，改善环境；

（2）提高电网运行系统的可靠性。

1.3 国际案例借鉴、发展趋势

国外电力需求侧管理已经开展 20 多年，主要的动机与中国目前的想法类似，例如电网运行效率、资产收益率、节能减排、电网安全可靠稳定、客户满意度等，下面按照主题介绍国外的一些做法与现状。

1.3.1 节约成本，改善环境

需求侧管理在开始之初主要应用于电力系统。最早的一波实验性采用需求侧管理始于 20 世纪 70 年代末的美国加利福尼亚州（以下简称加州）。由于日益攀升的油价，以及公众对新建发电厂的敌视态度，考虑采用需求侧管理系统来缓和这种危机状况。而需求侧管理真正的发展是在 20 世纪 80 年代初，早期主要强调降低总成本包括财务和环境成本，满足能源需求。

加州为此设立了加州能源委员会一起协同加州公共电力公司制定节能，负荷管理的投资目标。从 1980 年至 90 年代早期，由于能够带来成本的降低及环境的改善，需求侧管理项目主要在美国许多州，加拿大以及欧洲的一些国家开始实施。当时由于全国或州立一些法规在用能方面的激励政策，需求侧管理引起了电力部门的兴趣。

在实施需求侧管理之前，电力公司如果售出的电量减少，还要承担实施需求侧管理项目带来的主要风险，而电力公司却没有得到好处，因为对需求侧管理的投资而引起的资产增加不是基于法规激励政策来计算资产回报率的。新的方案是使电力公司依靠出售电量而获得的那部分利润变得微不足道，使电力公司主要依靠采用需求侧管理活动获得盈利。当时采用需求侧管理活动项目主要目的是节能。通常来说，电力公司会对因采用节能措施而引起的花费给予补贴，例如采用节能供暖系统，设备，照明及密封处理等。

在 1980 年末至 1990 年初，需求侧管理作为一种垂直整合模式垄断了电力公司。由于美国的电力市场改革是在 90 年代中期，从 1994 年到 1997 年，电力公司在需求侧管理上的花费下降了 50%。当然已经完成电力改革的地方实行需求侧管理是完全可以的，特别是垄断配电方的情况下更易实行。从全球来看，需求侧管理在电力系统改革前后的命运发生了很多变化。在一些地方，需求侧管理是由政府或其他机构，而不是由电力机构来协调的，通常是由税收或政府收入，而不是由用电客户来进行投资的。目前在大多数国家，通过电费对需求侧管理项目进行投资或电力公司直接参与项目的设计和运作。支持需求侧管理项目的政策包括，通常以一种组合方式出现：

（1）一致同意的或强制的节能目标；

（2）一个促进能源公司实施需求侧管理的融资机制；

（3）一个对需求侧管理活动进行成本 – 收益评估的标准强制方案；

（4）垄断部分（输电和配电网络及零售供应的部分）价格干预。

执行不同的需求侧管理机制，花费的成本也是不同的。这些需求侧管理机制是由政府、电力机构或消费者共同参与执行的。一般来说，任何的执行费用最终还是转嫁给消费者，例如电力机构通过提高费率或节能设备制造商通过提高节能设备的价格。政府以节能补贴或贷款补助的形式对执行费用进行分担。对于激烈竞争的电力批发/发电市场来说如果电价波动更大，实施需求侧管理的积极性会更高。特别是对短期的响应会更感兴趣。在美国由市场驱动的需求侧管理呈现增长趋势，这种趋势会在其他发达国家竞争激烈的电力市场中得以复制。这种市场驱动下的需求侧管理最根本的动机是实现成本节约。同时也会降低能源需求，尽管只是将需求转移到价格较低的时候。受市场驱动的需求侧管理会带来一些正面或负面的环境方面的影响，这主要受制于要取代的发电厂的类型及需求侧响应的方式（例如节能措施，太阳能或柴油等不同形式的分布式发电）。

新西兰政府通过一个调查发现，目前22%的电力消耗，节能量都可以通过一个五年的电力需求侧管理实现。需求侧管理的有效性需要量化，可以通过测量和认证实现。需求侧管理的测量和认证具有客观，可信和持续的优势。需求侧管理项目能够为客户和电力机构提供信息，为未来的规划提供可靠的数据。

（1）2004年，节能量42.71MW，其中31.09MW是通过两个照明改造项目实现的）；

（2）2005年1月到3月，节能量44.7MW（灯光改造项目）；

（3）2005到2006年，节能量81.8MW（其中9.78MW是由3个灯光改造项目实现的）；

（4）2006到2007年，第一季度的节能量38MW。另外，还有由于避免了新建电厂而带来的环境方面的收益。

1.3.2 可靠性及网络动机

发达和发展中国家长期以来一直受制于电力需求的不断增加，电力基础设施的不足等网络问题。例如，空调是许多国家的主要增长领域。许多情况下，网络驱动下的需求侧管理可延缓网络扩张的需要，这对分配网络尚不完善的发展中国家尤其重要。

1.3.3 需求响应项目的四个代表性案例

作为电力需求侧主要内容的需求响应在国外已经比较成熟，下面以案例形式介绍四个项目情况，一例是Xcel Energy（埃克西尔能源公司），是纯激励型项目的典型。后面三例则采用两种类型的混合，同时借助了提高某些时段电价的做法（何时是需要减少高峰用电的时段由电网系统运营商决定）。在混合类型的三个实例中，PG&E（太平洋燃气电力公司）的需求响应项目主要针对大型工业和商业用户；而 BG&E（巴尔的摩燃气与电力公司）的项目和 EDF（法国电力公司）的 Tempo 项目则面向居民用户，这些居民用户项目的概念和原理也适用于大客户项目。所有这些例子都极具代表性，揭示了不同激励机制是如何成功应用于需求响应项目中的。

（1）“可中断负荷”大客户直接激励项目。Xcel Energy 是一家位于美国科罗拉多州的配电公司，一向愿意且能够按调度要求减少负荷的用户按月支付补贴。若要获得参与此项目的资格，用户必须能够在 Xcel Energy 给予信号后转移至少 300kW 的用电需求。参与这一项目的用户，每月可按约定负荷减少量得到每千瓦 4～9 美元的补贴，如能满足以下条件，每月的补贴就会超过 4 美元：

1）用户同意收到通知 10min 后转移负荷（而不是标准的提前 1h 通知）；

2）用户同意可削减负荷发生在夏季（而不是冬季）；

3）用户愿意接受更长的响应调度的时间（有每年 40/80/160h 的各种方案可选）；

4）用户削减负荷持续时间可短于常规要求的最少 4h，或不限于 4h（24h 之内）；

5）用户接受更高电压服务。

简言之，在该激励政策下，如果能给电网系统运营商提供越多有用的需求响应资源，则用户得到的补贴就越高。在此项目中，系统运营商调度用户的需要每年都有很大不同。例如，2008 年仅有 20 次需求响应事件对用户进行了调度，但 2009 年就有 41 次。类似 Xcel Energy 这样的项目在美国相当普遍，但是，许多州正在逐渐淘汰对大客户月付补贴的做法，因为标准的月度补贴往往不能反映负荷减少量对系统的价值，也无法做到在客户实际被调度更多次数的情况下提高补贴额度。

（2）分时电价项目—法国 Tempo 项目。由法国电力公司（EDF）自 20 世纪 90 年代初开始运作的法国 Tempo 项目取得了很大成功，该项目面向小型终端客户实行峰谷分时电价（TOU），是一个典型的例子。几乎所有峰谷分时定价项目都要求参与方安装智能电表，用来计量不同日期不同时段内的用电情况。用户采取自愿参与的方式，不参与的用户须按标准电价支付其用电量。参与 Tempo 项目的客户，其电价根据不同日以及每日用电时段（高峰/非高峰）变化，全年分为 300 个低电价“蓝色”日、43 个较高电价的“白色”日（预计高峰用电会超出正常值）和 22 个最高电价“红色”日（预计此时系统峰值达到最高）。在 300 天的“蓝色”日里，参与该项目的用户享受的价格远低于其他用户—非高峰电价几乎低了 40%，高峰电价也低了 27%。但在“白色”日的高峰用电时段，这些用户必须支付比其他用户稍高一些的电费；而在“红色”日，参与项目的用户电价则远高于其他用户，高峰用电电价几乎高出 5 倍甚至更高。因此，参与项目的用户必须在每年的 22 个“红色”日里谨慎管理用电，节省电费开支。2014 年的高峰“红色”日电价是“蓝色”日非峰时电价的 6.6 倍。

法国电力公司会在前一天晚 8 点前确定并宣布第二天的“日颜色”。用户将显示屏插入房中的任何插座上，即可接收法国电力公司纹波控制系统发出的信号，告知第二天的“日颜色”和当前的电价，用户可据此决定是否关掉电器和取暖设备来降低电耗。一些客户还安装了系统，当电价超过设定值时会自动切断耗电装置。该项目取得的成功，从参与用户在“白色”日和“红色”日分别比“蓝色”日节电 15%和 45%就可见一斑。继 Tempo 项目开展后，法国电力公司又推出了一些其他峰谷分时定价方案，其中包括一套实时定价项目，客户可以选择按任何一个指定时间段的市场电价支付电费。

（3）面向大客户的组合型项目——PG&E。PG&E 公司于 20 世纪 80 年代末采用了结合时间型和激励型项目的需求响应这一模式。该项目主要结合了以下三种方法：① 采用普通分时电价——针对大多数类型用户（已装有合适的计量仪表）；② 对同意响应调度减少用电或完全断电的用户可以选择容量和电量电价都低于标准、可靠供电的电价；③ 在最大允许的情况下，根据用户同意减少负荷或中断用电的程度可享受不同的电价优惠。尽管这样的电价体系相当复杂，但用户可以在多种方案中选择，另外，鼓励参与的货币激励完全是在电价体系内完成的。

分时电价（TOU）适用于所有用户（A1 类和 A10 类小型用户除外）。这种定价方法既鼓励了可靠供电用户，又激励了需求响应项目参与者减少高峰用电。对于 A6 类和 A11 类客户（他们没有其他可选的需求响应项目），高峰时段价格定为非高峰时段的 3.8 和 2.4 倍。但对于确实有其他需求响应项目可以选择、最高需求至少达到 500kW 的用户来说（比如 E20 类用户），高峰时段电价则定为非高峰时段的 1.5～1.8 倍。

E20 类大型用户可选择可靠供电的标准电价，也可以选择限电或中断供电——电价优惠幅度相当大。参与优惠电价项目的用户，必须至少将用电负荷降至比前六个月最低平均峰值负荷还要低 500kW 的水平，或者在调度要求时完全转移负荷。这一需求响应项目要求用户在配电公司发出信号时得遵循事先约定的协议来管理用电负荷，而该项目本身并不包含直接负荷控制。同时，PG&E 公司还出台了一套严厉的处罚细则，防止客户不履行协议，对第二次违约的处罚力度是初次违规的双倍。

在限电方案下，用户需保证在收到公司指令时减少部分负荷，以换取电价上的优惠。在可中断供电方案下，用户需承诺在接到调度要求时完全切断负荷，以换取更高的电价优惠。参与项目的大型用户有两种电价优惠类型：① 享受降低或者甚至免收向可靠供电客户收取的每月每千瓦 8.1 美元的高峰用电容量费；② 享受电量电价优惠（包括高峰时段、非高峰时段和峰肩时段电价）。对于负荷有尖峰特性的用户，高峰容量费用降低是关键—这种情况下产生的节约幅度可能会比电量电价减少取得的更大收益。

在每一需求响应方案下，用电客户都可以有不同选择，每种选择决定了停电或断电限度。三个选项中，电力公司按预先约定进行限电的最短提前通知时间从 10min 到 60min 不等，每年最大的需求响应事件次数（15～45 次），每年负荷减少或中断的总时数也不尽相同。参与需求响应供电项目的用户需每月支付 190～200 美元固定费用，而可靠供电的 E20 类用户的月固定费是 100 美元。对于大型用电客户，这一费用比起他们的电费总开支可谓微不足道，对于小型用户来说，这一费用则是一笔可观的额外支出。这一固定费用至少可以在某种程度上反映管理参与该项目的客户的交易成本，对小型用户来说，相比起参与得到的益处比这个交易成本要大一些。

总之，电价是指挥棒，可以为具有不同特点的客户按基于电力系统运营商的需要改变用电行为提供动力。例如，有的用户偶尔才运行一次高耗电设备（比如电炉），他们可以通过部分取消或全部取消高峰容量费用来大幅降低电费开支，也有可能通过避免高峰时期用电而获得整体更低的电量电价。另外一种类型的用户，负荷波动小对于电能质量要求高但能够在可能出现系统峰时负荷事件时段重新安排工作时间，这样就可以从整体更低的电量电价中获得收益。有些间歇运行的工厂，只要设定好相应的开停机时间表即可相当容易地根据调度指令完全转移负荷，此类客户若能选择积极的可中断服务，则会大幅节省电费开支。

这一电价体系巧妙地包括了对定价体系的大范围调整，从而可以引导需求行为，使之与电力系统运营商的需要相一致。整个电价体系处处体现了创新，每个环节都值得有兴趣发展需求响应项目的人分开单独考虑，这些创新包括：① 将分时电价与基于时间型需求响应系统结合起来（时间型需求响应系统包括对事先约定的负荷减少量进行调度）；② 除电量电价优惠外，还采用了容量电价费补贴来鼓励需求响应；③ 容量收费价格补贴和电量电价补贴档次多样化，视承诺负荷减少的水平而定；④ 对不遵守协议处罚措施进行评估；⑤ 逐一评估了每个用户的固定包月费（与能源需求水平无关），透明地向用户收取管理项目的交易成本。

可以看出，该项目的一个明显的缺点就是它的复杂性。此外，还需要事先设定价格补贴水平，这就意味着很难设定一个恰好与电力系统实际能获得的收益相一致的价格，因为实际负荷在不断变化，难以准确预测。尽管这一项目总体上可为电网和用户带来诸多益处，但从后续的每年评估中看到，不可避免地出现了价格设置过高或过低的现象。此外，每年需求响应事件的次数和持续时间不定，也加剧了这一问题的严重程度，不仅会进一步使得电力系统运营商定价更为复杂，还会产生用户选择哪种项目来满足自身需求的不确定性。最后一点，该项目没有给参与的用户留有选择何时中断负荷的余地，而是所有参与者都按照电网公司的指令限电或断电，却没有说何时可能会发生这种情况。

PG&E 目前已经废止了这一早期采用的需求响应项目，把目光投向了一些新的途径。该公司正在运作三个不同的需求响应项目：一个是激励型项目，每月向用户提供补贴，类似于上述 Xcel 项目；另一个项目是利用远期容量市场，让用户进入加州的“日前市场”拍卖容量节约量；第二个项目是让愿意中断负荷的用户选择事件发生时间并以此获取奖励。此外，PG&E 仍在使用分时定价方法，这一方法仍可与上述任何一种项目组合使用。新项目种类的多元化使得用户进行需求响应时具有更多的灵活性，这也符合美国联邦能源监管委员会（FERC）第 745 号令的要求。

（4）面向住宅用户的组合项目—BG&E。最先进的美国住宅用户需求响应项目之一是由马里兰州巴尔的摩燃气与电力公司（BG&E）运作的。BG&E 公司在其“峰值奖励”（Peak Rewards）项目下，已开展对空调进行直接负荷控制的项目多年。该项目在概念上与美国其他许多州相似：自愿参与，参与程度由用户自行选择。用户同意在 BG&E 发出“非紧急事件”或“紧急事件”信号时循环开关空调。非紧急事件是指：BG&E 在批发电价极高的情况下或为了保证当地电网可靠性，所有参与方应在该事件期间每小时内循环关闭 50%的空调运行时间。对于紧急事件，用户可以选择在事件期间循环关闭 50%、75%或 100%的运行时间。由此得到的奖励相当可观：选择 50%循环关闭的用户可获得每年 50 美元（外加 50 美元初次奖励）的奖金，而选择在紧急事件期间 100%循环关闭者可收到每年 100 美元（外加 100 美元初次奖励）的奖励。

BG&E 公司新推出了一项创新项目：“智能能源奖励项目”（Smart Energy Rewards Program）。该项目是继马里兰州在美国联邦政府支持下为所有公司服务范围内的用户安装新型数字智能电表活动之后推出的。BG&E 公司预计每年夏季宣布 5～10 个“节能日”，选定在预计峰值负荷达到超高水平的时段内，BG&E 公司通过电子邮件或手机短信提前一天通知用户。在事件期间，参与项目的用户每少用一度电（与相似天气平均耗电量基线相比）即可享受 1.25 美元的补贴。这种对高峰期间节电量补贴，几乎高出 BG&E 供电区内居民平均电价的 10 倍。“节能日”过后，用户可收到电子邮件或短信告知他们的节电量以及相应补贴金额，这笔款项会贷记到用户下一期的电费账单中。2013 年，用户每个“节能日” 平均可获得 6～10 美元的补贴 21。BG&E 公司将负荷减少量在区域电能市场上按照规则拍卖（拍卖规则将在以下“发展趋势”一节中讲述），从而得到基于市场价值的补偿。

该项目有别于其他项目之处是：该项目是所有安装了智能电表用户的默认选择，不愿参与的用户必须选择退出，这一点和邀请用户参与的传统项目正好相反。该项目已证明是相当成功的，因为退出率还不到 1%。这是因为该项目只会降低用户电费，并没有包含对负荷的直接控制，除非客户同时还参与了并行的“峰值奖励”项目。电力系统获得了巨大收益。2013 年推出该项目时，30 万参与者在 5 次事件中平均减少负荷 15%，总削减量达到整个系统负荷的 5%。另外一个更值得注意的发现是：削减量的比例随高峰负荷的上升和事件频率的增加而上升。基于上述成功，BG&E 筹划 2014 年将该项目扩大到 100 万用户以上。该项目的经验也表明了需求响应项目可用于几乎所有用户，减少高峰负荷的成效显著、可靠。

1.3.4 国际发展趋势

需求侧管理是国际十分关注的领域，未来将有广阔的发展前景。国际上需求侧管理的主要发展趋势如下：

（1）需求响应补偿体系问题。美国的用户补贴体系普遍朝着提供更多运行灵活性、更好地将补贴与电力系统效益相匹配的方向转变，通过美国许多高电耗地区开发的电力批发市场就可以实现上述转变。公用事业公司推出的项目事先预定了价格折扣，或每月发放一定的补贴，以此换取用户同意限电或断电。这些项目虽然对于推动需求响应、使之成为管理高峰用电的有效工具有很大作用，但事先预定优惠价格的激励政策难以与系统效益真正匹配。上文在 Xcel Energy 公司的例子中也提到，用户被要求限电的频次每年都有很大差异，用户难以判断参与这项项目是否划算。这种不确定性还为电力公司和监管机构确定最有效的补贴水平带来了难度，因为无法提前数月精确确定参与水平和对系统的价值。过去，这一问题往往导致需求响应的参与高于必要水平，以及在需求响应上的投入高于市场所需。例如，有些公用事业公司好几年都没有对参与可中断负荷项目的用户实施调度，而当最终需要调度时，却发现用户极不情愿削减负荷，尽管已经享用了多年补贴或优惠电价。

（2）将需求响应资源引入远期电力市场拍卖。鉴于需求响应补贴遇到的问题，联邦能源管制委员会（FERC）鼓励需求响应资源直接进入电力批发市场竞标，并最终发布了 FERC 第 745 号令，要求根据减少用电对系统的实际价值对需求响应资源予以经济补偿，按批发市场上形成的区域边际电价（LMP）定价。根据该行政令，先前通常参与月补贴项目的大型用户和集成商现在必须直接进入市场拍卖负荷减少量，由市场运营商来决定调度和补贴。这一改革缓解了上述用户限电/断电优惠电价和月补贴的问题，用户如果在电力公司要求限电或断电时并没有实际减少用电，就不会享受任何补贴。这样一来，也避免了需求响应项目的参与水平不足，因为给用户的补偿会随着市场单价的上升而上升一直到需求响应参与水平足够大到形成新的市场单价。此外，这一改革还提供了一个基于市场的机制，用以补偿诸如 BG&E 这样采用面向居民的需求响应项目的公司。

（3）新英格兰独立系统运营商。目前，新英格兰独立系统运营公司（ISO－NE）已在美国东北部实施一项符合 FERC 745 号令的项目。拥有需求响应资源的用户若要参与该项目并进入新英格兰地区电力批发市场，必须能够至少减少 100kW 的负荷或者通过集合小型用户来达到此水平。这些用户必须安装有分时电表，以便准确及时地传递用电量信息。这些需求响应市场的参与者可在需要中断负荷的提前一天将第二天早 8 点到晚 6 点间的负荷减少提交至市场进行拍卖，如果拍卖价不高于供应侧发电替代方案的成本（即日前的区域边际电价），则会被接受要求提供一天内一个或多个小时的需求响应服务。即使报价因不低于日前 LMP（区域边际电价）而未被接受，参与方在提供的价格低于当天预期的实时区域边际电价的情况下仍可能得到需求减少的补偿。这种方法已证明是相当有效的，2012 年的需求响应潜在资源（已在 ISO－NE 公司登记参与需求。响应项目并在容量市场拍卖的需求响应资源）达到 2769MW，占 ISO－NE 高峰负荷的 10.7%，这一比例在全美所有独立系统运营商中夺得头魁，为美国开辟了一条最有效的需求响应途径。但并非所有登记的潜在需求响应资源都被要求减少负荷，例如，在 2013 登记的潜在资源中，实际上在最高峰负荷期间仅调度了 200MW，这一部分是按日前区域边际电价或低于此价格拍卖的负荷减少量。

（4）第三方需求响应集合商。实践证明，第三方需求响应集合商可在许多场合下推动需求响应的发展，将资源打包推向市场。通常，这些集合商招募用户参与需求响应项目、签订合同补贴用户的负荷响应、向用户提供技术和设备来帮助用户在被调度时降低负荷。之后，他们将这些打包负荷减少量在批发市场上拍卖或者与配电公司签订合同获得补贴。这些集合商以供电公司和用户之间桥梁的角色提供附加值，他们向潜在的参与者宣传推广、并为他们参与需求响应项目提供便利。此外，他们还将用户编组，以便分散个别用户未能履约的风险从而增加了资源的可预见性和可靠性。同时还定制捆绑不同的用户需求响应资源，如何定制取决于这种捆绑能否作为一种容量资源、电能资源或备用资源而进入市场。这些第三方集合商的影响可从过去十年全美快速扩张的需求响应中窥得一斑。据悉，2006～2012 年间的负荷减少潜力翻了一番，最大的增长来自批发客户（包括第三方集合商）。这些集合商已经蔓延到世界各国（从欧洲到南非到新西兰）。

（5）先进的量测技术创造了新的机遇。先进计量设备的引进，大大刺激了需求响应项目的发展。传统的累计型计量仪表，难以实施时间型项目或按实际负荷减少为用户提供补贴，因为根据电表的信息不可能确切知道用户的用电量发生在哪个时间。但在过去十年里，先进计量技术越来越普及，到 2012 年，美国的先进计量仪表普及率已从 2006 年的 0.7%上升至 22.9%。随着使用量的增加，不仅能推动时间型项目和需求响应项目进入批发市场，还能帮助用户有效减少负荷（因为仪表能提供用户各时段用电量的精确数据）。正如在上面的 BG&E 案例中提到，先进的计量仪表为该公司的“节能日”项目奠定了基础，另外 BG&E 公司的先进计量仪表所收集的数据不但为用户提供一天内的每小时用电量图表，还可提供与邻居用电量对比的图表，这有助于用户识别节电机会，跟踪改变行为所产生的结果。此外，先进的计量仪表还能为供电公司提供需求响应资源的实时活动情况。

1.4 电力体制改革对需求侧管理的推动

当前为了降低对化石能源的依赖程度，实现能源产业的可持续化发展，应对全球气候变化，世界能源格局正在发生着重大和深远的变化。为了进一步深化电力体制改革，解决制约电力行业科学发展的突出矛盾和深层次问题，促进电力行业又好又快发展，推动结构转型和产业升级，中共中央、国务院发布了《关于进一步深化电力体制改革的若干意见》等一系列政策，旨在解决制约电力行业科学发展的突出矛盾和深层次问题，促进电力行业的更好更快发展，从而推动其结构调整和产业升级。新电改中许多要点与电力需求侧管理有关。

1.4.1 积极推进电价机制改革

理顺电价形成机制，通过市场竞争确定发、售电价，从而形成完整的电价传导机制，是此次电改的一大关键任务。放开公益性和调节性以外的发供电计划，积极推进发电侧和销售侧电价市场化，输配电价将逐步过渡到按“准许成本加合理收益”原则、分电压等级核定。这项改革政策旨在鼓励发电企业和用户开展电力交易，通过自愿协商的市场化模式确定电价。同时，能够使电网企业摆脱现行购销差价形成输配电收入的不确定性，更加专注电网资产运营和提高输配电服务水平，也有利于激励电网企业降本增效，保障电网企业在回收合理成本的同时获得合理收益，促进电网的良性发展。此外，随着配电业务的市场化，处于联络供需各方的天然枢纽地位，并拥有网络基础设施和大数据资源的电网公司应在配置整合日益拓展的供、需两侧资源方面发挥更加重要的作用。基于这一形势，电网公司可以考虑通过转变社会角色，在优化电力系统整体资源配置方面发挥重要作用。而电价交叉补贴的改革应当循序渐进，在维持现有销售电价水平的基础上，以明补代替暗补、少补代替多补，逐渐提高居民电价、适当降低工业用户电价，逐步减少销售电价中交叉补贴。

1.4.2 节能减排、改善环境

本轮电改的核心价值取向是建立一个绿色低碳、节能减排和更加安全可靠、实现综合资源优化配置的新型电力治理体系，推动我国电力生产、消费及技术结构的整体转型。因此与上一轮电改相比，节能减排将是此次电改的核心任务和重要目标之一，这主要体现在以下两个方面：

（1）充分体现了清洁、高效、安全、可持续的电力系统发展方向以及坚持节能减排的基本原则，明确了提高可再生能源发电和分布式电源并网比例、支持节能降耗机组上网、提高需求侧管理水平、完善跨省跨区电力市场交易等重点任务，将发展绿色低碳、节能减排放在了十分重要的位置。

（2）开放电网公平接入，完善并网运行服务以及要开放用户侧分布式电源市场。鼓励支持分布式电源发展，支持新能源、可再生能源、节能降耗和资源综合利用机组上网。这为我国分布式电源以及可再生能源发电指明了发展方向，对我国促进可再生能源发电消纳利用以及电力资源大范围优化配置都具有重要的现实意义。

1.4.3 最终受益者

此次电改方案放开了不具备自然垄断属性的售电业务，建立起“放开两头、监管中间”的市场结构，使得发电企业和用户能够直接交易，逐步过渡到让市场来决定交易行为，对发电企业、电网企业、电力用户都带来了很大影响。

任何改革的最终受益者都应该是全社会，群众的利益是根本。想要实现这一目标还需循序渐进、统筹考虑。以往的一些改革，基于多方博弈来达到利益平衡点，这种通过博弈来主导改革往往导致两个后果：一是方案无法达到总体最优，也就是国家层面上的目标无法实现；二是无法将电力改革与国民经济总体改革相协调，也就是无法实现链式改革。因此我们认为，利益平衡最多只能作为一个约束条件，而且也不应该是一个刚性约束条件。

基于目前的外部环境和能源电力发展的大势，电改瞄准节能减排和系统总体优化，也就是社会效益最大化才是电改的根本目标。

1.4.4 构建公开、透明、独立有效的售电侧电力市场

构建有效的售电侧电力市场是决定此次电改是否能够成功的关键，也是最为严峻的挑战。稳步推进售电侧改革，有序向社会资本放开配售电业务。有序向社会资本放开配售电业务标志着我国一直以来电网公司的传统模式被打破。

我国售电侧改革目标是要实现一个竞争性的售电市场，从而提高市场效率、优化资源配置。深化电力市场化改革，提高电网运营效率和供电服务水平，应考虑逐步放开售电侧市场，在不同的发展阶段采用相适应的操作思路。通过售电侧市场的逐步开放，构建多个售电主体，放开用户选择权，形成“多买方—多卖方”的市场格局，构筑“放开两头、监管中间”的行业结构，建立政府监管下的电力市场体系，进而提高效率和服务质量，最终实现增加全社会福利的目标。

售电侧市场的建立需要注意两个关键：一是要逐步放开用户选择权。为促进售电侧市场放开的有序推进，用户选择权的放开应分阶段、分用户类别有序进行。根据国际经验，应首先开放大用户的购电选择权作试点，其次建立合理的输配电价形成机制，妥善处理销售电价的交叉补贴问题，逐步放开中小用户选择权。另一方面，分阶段构建多元化的售电主体。售电侧市场放开需要逐步引入多元化的售电公司，电网企业则更多的是扮演“默认供应商”的角色。随着售电侧市场化改革的稳步推进，不同售电主体的构建或引进还应充分考虑可操作性、市场成熟度等因素，分阶段、有规划地开展，降低改革风险。

2 佛山需求侧管理综合试点实践

2.1 国家电力需求侧管理城市综合试点

2.1.1 国家电力需求侧管理城市综合试点背景

当前，国际国内的经济形势、能源形势正在发生深刻变化，以数字化、云计算、大数据与“互联网+”为代表的新一轮的世界能源变革已经拉开序幕。改革开放以来，我国能源工业加快发展，取得了世人瞩目的成就。随着国内市场经济体系与国际市场的接轨以及进一步的建立和完善，我国能源形势受市场经济的影响越来越明显。同时，我国能源发展仍然面临着许多矛盾和问题。在我国经济发展呈现高能源需求的刚性特征下，仍然面临着高排放的压力。尽管我们已经有了很多处理能源问题的经验，但是对于能源经济发展的内在规律性的认识方面还存在一定的局限性。根据美国能源信息署（EIA）最新预测结果，随着世界经济、社会的发展，未来世界能源需求量将继续增加。预计，2020 年世界能源需求量将达到 128.89 亿 t 油当量，2025 年达到 136.50 亿 t 油当量，年均增长率为 1.2%。

随着我国经济的快速发展，人们生活水平的不断提高，电能占终端能源消费的比重不断上升，电力在能源中的地位和作用越来越重要。面对我国电网高峰负荷、峰谷差增长较快、调峰能力不足等问题，应该积极实施电力需求侧管理，为我国节能降耗、降低排放、减少污染、提高能效，保证我国电力的可持续发展。电力需求侧管理（Demand Side Management，以下简称 DSM）与能源可持续发展相结合，与提高能源终端利用效率相结合，与缓解电力供应紧张矛盾相结合。DSM 在电力供应充裕的时候除了推行削峰填谷和节电之外，还可以实施策略性增长；在电力供应短缺的时候，可以采取策略性增长以外的各项措施。因此，DSM 具有很高的机动灵活性，并且已经成为促进能源节约和污染减排的重要领域，是国家能源战略的重要组成部分。但是我国经济的粗放型发展方式使电力生产和使用面临能源短缺、环境污染的严峻挑战。我国 GDP 单位产值能耗虽然总体呈下降趋势，但同国外发达国家相比还存在较大的差距，能耗的居高不下所导致的生态环境恶化会破坏经济增长的综合效果。

DSM 的一项重要内容就是提高能源效率。当前我国能源效率低下的现象为我国提供了一个提高能效的独特机遇，可以通过实施电力能效项目使将来的能源消耗大大减少。麦肯锡全球学会的一份研究表明，到 2020 年通过能效措施能够将世界范围的能源消耗增长速度降低 50%。国内外实践表明，电力节约不仅是一种宝贵的资源，而且也是一种更为经济的途径。每节约 1kW 发电容量的投资不到新增 1kW 容量造价的 20%；每节约 1kW 电量的投资约占 1kWh 发电成本的 40%。我国节电和削峰潜力巨大。依据目前的数据资料预测可得，假设我国实施需求侧管理能达到有效节电 5% 和降低高峰负荷 5%，那么到 2020 年我国可以减少电力装机 1 亿 kW 左右，超过 5 个三峡工程的装机容量；今后 15 年可累计节电 2800 亿 kWh，节煤 14.3 亿 t，减排二氧化硫 2000 万 t，减排二氧化碳 7 亿 t，同时还可以节约 8000 亿～10 000 亿元电力投资。这将大大化解资源和环境压力，带来巨大的节电效益、投资效益、经济效益、环境效益和社会效益。

我国面临着独特的能效改善、科学用电的实施机遇。依据自然资源保护委员会（NRDC）的分析得出，到 2014 年我国可通过能效手段抵消新增负荷 29%～56%，少建缓建 530～730 座昂贵的燃煤电厂，通过能效改善与电力需求响应的事实能够满足一半新增能源需求。在新的能源形势下，DSM 工作重心止在发生转变。在宏观层面上通过实施差别电价、支持淘汰和限制高能耗产业等措施，促进产业结构的优化调整和经济增长方式的转变；在微观层面上通过向用电客户推广节能新技术、新产品等措施，提高终端用户的能效水平。

纵观我国能源发展，煤炭作为我国电力发展的一大资源，已经不能够满足我国长期能源需求。通过提高终端用能效率，减少了对煤炭依赖度，将会有利于提高人民的健康水平、改善空气质量、减少温室气体排放。我国实现高能效的经济发展，不仅有助于解决国内所面临的经济和环境问题，还将有益于国际社会发展，包括帮助解决全球面临的最紧迫的环境危险，即全球变暖问题。由此可见，我国对电力能效项目有巨大需求，电力能效项目将会对节能和环保目标的实现做出巨大的贡献，因此，合理开发电力需求侧能效资源并对能效资源进行有效管理将会对我国电力需求侧管理产生深远影响。

2.1.2 国家电力需求侧管理城市综合试点政策

2012 年初我国经济快速增长，国家发改委提出了开展城市级别电力需求侧管理综合试点的设想，并在上半年印发了《财政部、国家发展改革委关于开展电力需求侧管理城市综合试点工作的通知》（财建〔2012〕368 号），要求相关城市组织申报。包括佛山等在内的十几个城市进行了申报，财政部经济建设司、国家发展改革委经济运行调节局组织专家对申报城市的方案及综合情况进行了评审。2012 年 11 月 1 日，根据《财政部、国家发展改革委关于开展电力需求侧管理城市综合试点工作的通知》（财建〔2012〕368 号）等规定，财政部经济建设司、国家发展改革委经济运行调节局组织专家于对有关省（自治区、直辖市）根据专家组意见，经研究，确定首批试点工作城市名单为北京市、江苏省苏州市、河北省唐山市、广东省佛山市。

2.2 佛山市基本情况

佛山“肇迹于晋，得名于唐”，明清时便是中国四大名镇和“四大聚”之一，是国家历史文化名城。佛山地处珠江三角洲腹地，东倚广州，南邻港澳，珠江水系中的西江、北江及其支流贯穿全境，与广州同处在中国最具经济实力和发展活力之一的珠江三角洲经济区中部。佛山现辖禅城、南海、顺德、三水、高明五个区，总面积 3797km^2，常住人口约 805 万。佛山是一个以工业为主导、三大产业协调发展的制造业城市，已形成家用电器、机械装备、金属材料加工及制品、陶瓷及其他建材、纺织服装、电子信息、食品饮料、塑料制品、精细化工及医药、家居用品制造等十大优势行业。

佛山是全国民营经济最发达的地区之一，民营经济已成为推动佛山经济持续、快速、健康发展的重要力量。2014 年全市规模以上民营工业实现产值 13 088 亿元，增长 11.4%；民营工业占全市规模以上工业总产值比重 69.6%，对全市工业增长贡献率 79.8%。目前佛山共有民营企业 145 308 家，占全市企业比重 87.8%，涌现出美的、格兰仕、万和、志高、碧桂园等一批骨干民营企业。佛山的主要工业行业如下：

机械装备：机械装备制造业是佛山市十大优势产业之一。2013 年佛山市机械装备制造业实现工业总产值 2791.78 亿元，占全市规模以上工业总产值的 16.3%；2013 年，佛山市机械装备制造业形成陶瓷机械、木工机械、塑料机械、纺织机械、玻璃机械、印刷包装机械、医疗器械等一批市场占有率高的特色主导行业。陶瓷压机、干式变压器、床具机械、注塑机、针织大圆机、真空泵等产品的技术水平处于国内甚至国际领先地位。

汽车及零部件：2013 年，佛山市规模以上汽车及零部件制造业企业完成工业总产值 465.68 亿元。佛山市拥有一汽大众南海项目、北汽福田南海汽车厂、北汽福田汽车 PC6010（三水）项目、高明陆地方舟、康盈交通设备制造、福迪汽车、粤海汽车、路之友机械制造、飞驰汽车制造有限公司、高达重工等 10 家整车生产企业，以及本田变速箱、丰田工机、南海文灿压铸公司以及中南铝车轮公司等一批规模大、素质高的汽配企业。

家用电器：家用电器是佛山市优势传统产业之一。2013 年，佛山市家电行业紧抓宏观经济平稳增长和家电节能补贴惠民工程发展机遇，实现产值 2330.76 亿元，增长 15.3%。佛山市家电行业龙头企业有美的、格兰仕、海信科龙、志高、东菱、万和、万家乐等。

建筑材料行业：建筑材料行业是佛山市优势传统产业之一。2013 年，佛山市建筑材料行业受房地产市场有所回暖、国内城镇化进程不断推进以及农村需求量增加带动，行业增幅低开高走，全年实现产值 1491.87 亿元，增长 13.6%。建筑材料行业企业包括新明珠、新中源、东鹏、鹰牌、蒙娜丽莎等。

食品饮料：食品饮料是佛山市优势传统产业之一。2013 年，行业实现工业总产值 681.74 亿元，增长 12.5%。主要产品有调味品、软饮料、米酒、啤酒和饲料等。龙头企业包括海天、健力宝、顺德酒厂、九江酒厂、太吉酒厂、通威饲料、广顺饲料和九江饲料厂等，以及青岛、燕京、百威、金威、生力等啤酒龙头企业和伊利等乳业龙头企业。

家具制造业：家具制造业是佛山市优势传统产业之一。2013 年，行业实现产值 391.95 亿元，增长 14.7%。主要产品有木质家具、金属家具、软体家具等，拥有中国驰名商标 1 件。龙头企业包括联邦和锡山等。

随着佛山经济的不断发展，城市社会总用电量不断上升。从 2010 年的 495 亿度上升到 2014 年的 532 亿度，增长 7.5%；同期 GDP 的增速也从 5650 亿元增加到 7603 亿元。

2.3 试点城市工作开展

根据佛山市电力需求侧管理城市综合试点的预期目标进行估算，在试点结束后，可带来明显的经济效益，也将推动佛山电力需求侧各项工作在试点期间结束后仍然能有成效、有规范、可持续地开展。

充分利用试点的契机，加强对电价理论和实施机制的梳理和研究，向广东省申请扩大峰谷电价实施范围，出台可中断负荷电价政策，推动电力需求侧管理工作可持续发展。

充分利用和整合佛山供电局现有的调度自动化系统、计量自动化系统和负荷控制管理系统平台，将有序用电和调度系统紧密结合，互通互用，提高佛山供电的负荷率。加大研发和集成力度，全面升级并建成佛山市电能服务管理平台。该平台应具备在线监测、决策分析、项目管理与统计、有序用电以及需求侧响应等功能。所有接受国家补贴资金的节电改造项目均接入电能服务管理平台，实现用电管理“数字化、网络化、可视化、专业化”，体现对电力用户“以需定用”“以需定供”的负荷管理的“佛山特色”。

充分利用佛山市经济转型升级、大力发展循环经济和战略新兴产业的契机，通过对相关政策、市场机制的研究、创新和试点，初步建立起比较完善的电力需求侧管理工作体系、资金长效投入机制，带动电能服务产业发展，实现良好的市场化运作，形成一定规模的行业产值；不断总结和积累经验，形成可复制、推广的电力需求侧管理经验和实施模式。

2.4 需求响应政策指引与激励机制

政策与激励机制是电力需求侧管理综合试点的关键。没有明确的政策要求，不落实有效的激励补贴办法，电力终端客户就没有积极性参加试点，也不可能吸引电能服务商投入工作。佛山市在推进电力需求侧管理综合试点过程中，充分考虑佛山地区民营企业比例较大、市场化理念比较普及等特点，在国家与地方政策允许的范围内，采用各种手段，最大限度地激励各类企业参加试点，例如对于电力需求响应试点客户制定了每千瓦负荷削减130元的补贴标准，取得了很好的效果。

同时，电价激励是电力需求侧管理的主流发展方向，目前国际上电价激励的需求响应项目或产品的主要种类有分时电价、尖峰电价、实时等级、特定用电种类电价等。在我国的情况下，蓄冷是一种较好的需求响应资源，可以通过制定蓄冷电价，鼓励用户建设蓄冷能力，在需要时利用蓄冷参加电力需求响应。蓄冷技术是指在电力负荷低谷时段采用电制冷机组，利用水、共晶盐等物质的潜热（显热）将冷量储存起来，在用电高峰时段将其释放，以满足建筑物的空调或生产工艺需要的部分或全部冷量，从而实现电网移峰填谷性能，同时终端用户可使用低谷电，节约用电成本。

3 智慧能源能效电厂探索与实践

3.1 能效电厂基本理论

能效电厂作为一种虚拟电厂，指电力用户（尤指企业或企业的某些用电单元，下文统称电力用户）采用提高用电效率的技术手段，对用电设备或工艺进行节电改造的项目，通过获得节约电力资源的方式，减少电力用户的电力消耗需求，提高单位供电量的生产效率，从而达到与扩建电力供应系统相同目的。

真实的发电厂所输出的供电负荷相对稳定。由于能效电厂的虚拟特性，能效电厂本身的负荷特性与真实的发电厂负荷特性不同，能效电厂的实时负荷特性是基于电力用户的某种实际生产过程的用电状况，且在该种生产状况负荷波动的基础上产生的一种电力负荷降低量，这种电力负荷降低量的产生是相对于提高用电效率手段实施之前生产过程的用电状况（所基于提高用电效率手段实施前用电状况是一种虚拟假设）而言的，这两种用电状况（提高用电效率手段实施前后）的实时用电负荷特性是不尽相同的，有些提高用电效率手段实施后，实时负荷特性发生了较大的变化。因此，能效电厂负荷量（即电力用户降负荷量）的核算与评价方法是电力需求侧管理项目推广的关键因素之一。

能效电厂是指通过采用高效用电设备和产品、优化用电方式等途径形成某个地区、行业或企业节电改造计划的一揽子行动方案，达到与新建电厂相同的目的，将减少的需求视同“虚拟电厂”提供的电力电量，实现能源节约和污染物减排。

能效电厂分为狭义能效电厂和广义能效电厂。其中，狭义能效电厂是指将各种节电项目实施所产生的节电效果打包成一定规模的虚拟电厂，包括高效电动机能效电厂、节能变压器能效电厂、绿色照明能效电厂等；广义能效电厂不仅仅将节点项目，而且将其他节能项目也纳入能效电厂的范畴，包括余压余能利用、可燃废气发电和其他节能措施。

能效电厂和常规电厂是两个概念，常规电厂是指发电厂实体，是生产电能的企业；能效电厂是节电的手段，不生产电能，但其节约的电力电量相当于提供了相应的电力电量，是虚拟电厂。

能效电厂按照运行方式划分为四种电厂：

（1）确定性能效电厂：是指能效电厂中各设备的运行情况均是确定的，即其负荷曲线是确定的，或者说该设备的负荷曲线是已知的。

（2）随机性能效电厂：一般是由功率小且数量较多的能效设备组成，或者是由功率较大但其运行具有随机性的能效设备组成。

（3）移峰填谷类能效电厂：指能效电厂各设备在负荷高峰时不运行或低功率运行。

（4）可调节类能效电厂：指能效电厂的电力是可以通过某些途径和手段调节的，主要包括可中断负荷与需求侧响应等电力负荷管理措施。

佛山市电力需求侧管理考虑了以下能效电厂项目：

（1）供配电能效电厂类：

1）变压器更换项目（其中包括升压改造项目）；

2）无功补偿项目；

3）三相不平衡负荷调节项目；

4）谐波治理项目；

5）电力拖动系统节能项目（包括电动机变频、高效电机替代项目）。

（2）建筑能效电厂类：

1）空调过渡季冷却塔供冷项目；

2）绿色照明项目；

3）热泵空调项目。

（3）能源综合利用能效电厂类：

1）余热/余压利用、可再生能源等分布式发电项目（其中包括凝结水回收、蓄热式燃烧、中央空调余热回收项目）；

2）余热/余压利用、可再生能源替代电能项目（包括热泵、节能灯具项目）；

3）能量回馈应用项目。

能效电厂类项目产生降负荷量的机理有以下几种：提高用电效率（如同类用电方式的技术更新），缩短用电时间（如减少待机时间的用电消耗），调整用电负荷特性（如变频技术），降低用电负荷瞬时峰值（如降低用电单元对供电侧的负荷冲击），及自供电（如余热回收发电）等。

电力用户采用提高用电效率等技术手段，对用电设备或工艺进行节电改造的项目往往仅涉及电力用户的一部分用电单元。能效电厂所涉及的用电单元往往不是电力用户的全部用电单元。正因如此，所涉及的用电单元的实时负荷曲线的尖峰部分在整个电力用户的用电负荷曲线中被其他因素的随机特性平滑化了，即某个用电单元突出的尖峰负荷在电力用户端的负荷曲线中，并没有显现得非常突出。因此，在整个电力用户内部所有的用电单元的实时负荷特性曲线相对于某个用电设备而言，显得较为平滑。基于此，用一个相对较小的时间段内的平均负荷代替瞬时负荷，既符合电力用户的用电负荷特性，又降低了负荷监测与核算的难度，便于电力用户获得其用电负荷数据。既提高了电力用户获得该能效电厂类项目负荷数据的容易程度，又使该能效电厂类项目的用电单元更容易验证。佛山市电力需求侧管理试点项目所采用的能效电厂类项目用电单元负荷数据采集频率为15min/次，符合企业用电的负荷特性，同时满足负荷数据采集系统的需求，也能够与佛山市电力需求侧管理试点项目的监测平台的数据采集周期同步。

3.2 能效电厂智慧能源效果评估方法

电力需求侧管理综合试点能效电厂效果评估主要采用国家发改委经济运行调节局2014年11月发布的《电力需求侧管理城市综合试点项目类型及计算方法（试行）》推荐方法：该方法的主要特点有：

1. 电力需求侧管理项目节约或转移电力计算原则

（1）时段选取原则。电力需求侧管理城市综合试点项目计算方法中的时间是指降低电网高峰负荷的时间（需求响应项目除外）；实际计算时，能效电厂、移峰填谷项目可参照所在省级电网分时电价的高峰（含尖峰）时段，需求响应项目以调度命令时间段为准。

（2）测量优先原则。项目核证时，应优先考虑通过对比项目实施前后，电网高峰时段用电量等实测数据进行核证；如项目实施前相关实测数据确实无法获得，可根据实施前相关参数，通过模拟计算相同工况下用电量获得。

（3）加权平均原则。考虑到工况的差异对项目节约或转移电力的影响，以及个别项目实施后对降低电网高峰负荷存在波动性、瞬变性，项目核证时应以该项目典型日工况为准，对于典型日较多的项目，应选取不同的典型日进行计算并加权平均。对于季节性较强的项目（如空调类项目、蓄冷/蓄热项目），典型日仅需从典型季节（夏季或冬季）中选取。

2. 典型电力需求侧管理项目节电力计算方法

（1）电力拖动系统节能项目。该项目既包括高效电机替代项目，也包括通过改变电动机工作电源频率来改变电动机转速的节能项目。项目节约电力：

$$\Delta P=(E_1-E_2)/T \tag{3-1}$$

式中：E_1——项目改造前电机支路在电网高峰时段耗电量，kWh；

E_2——项目改造后在具有相同工况情况下电机在电网高峰时段耗电量，kWh；

T——项目节电量对应电网高峰时段小时数，h。

注：变频调速类电机拖动项目可以将变频器旁路后来模拟基准期电量；如果为电机更换项目，更换前电网高峰时段电量也可根据改造前后新旧电机的平均运行效率 η_1、η_2 之比来推算，即 $E_1=E_2\times(\eta_2/\eta_1)$，其中，运行效率不仅可采用电机本身的转换效率，也可以考虑与电力拖动输出的产品产量等作为比例关系。

（2）建筑空调过渡季冷却塔供冷项目。指在常规空调水系统技术上增设部分管路和设备，以满足室外问题达到设定值以下时，关闭制冷机组，以流经冷却塔的循环冷却水直接或间接向空调系统供冷，提供建筑空调所需冷负荷，达到节能目的。

项目节约电力：

$$\Delta P=(E_1-E_2)/T \tag{3-2}$$

式中：E_1——项目改造前采用制冷机供冷方式运行典型工作日系统在电网高峰时段耗电量（含冷却循环用电），kWh；

E_2——项目改造后采用冷却塔供冷方式运行典型工作日系统在电网高峰时段耗电量为 E_2，kWh；

T——项目节电量对应电网高峰时段小时数，h。

（3）建筑绿色照明项目。指通过科学照明设计，采用高效、节能、环保、安全和性能稳定的照明产品，提高人们的生活质量，从而创造一个安全、舒适、经济、有益的照明环境。

项目节约电力：

$$\Delta P = (E_1 - E_2) / T \tag{3-3}$$

式中：E_1——项目边界内更换前照明支路电网高峰时段耗电量，kWh；

E_2——项目边界内更换后满足照度要求灯具电网高峰时段耗电量，kWh；

T——本地区电网高峰时段小时数，h。

注：更换前高峰时段电量也可根据更换前后照明灯具的额定功率 P_1、P_2 之比来推算，即

$$E_1 = \frac{E_2}{P_2} P_1 \tag{3-4}$$

（4）蓄冷项目。指在电力负荷低谷时段，采用电制热利用水、共晶盐等物质的潜热将冷量贮存起来，在用电高峰时段将其释放，以满足建筑物的空调或生产工艺需要的部分或全部冷量，从而实现电网移峰填谷的目的。

项目节约电力：

$$\Delta P = \frac{P}{\eta} - P_{j2} \tag{3-5}$$

式中：P——项目改造后电网高峰时段，蓄冷系统供冷功率，kW；

P_{j2}——电网高峰时段，蓄冷系统消耗的电功率，kW；

cop——主机能效比，制冷量与消耗电力的比值。

注：上述蓄冷蓄热项目具体计算和测量方法可参照 DL/T 359—2010《电蓄冷（热）和热泵系统现场测试规范》；如果测试条件有限，也可以直接采用电量转移法：低谷时段转移电量（电表实测）/电网高峰时段最大负荷运行小时数。

通过对能效电厂类项目负荷短期测试或长期监测所获得的用电负荷数据，在各类能效电厂技术理论的支持下，利用佛山市电力需求侧管理验收工具包的系统定义，可以得到能效电厂类项目的用电负荷量负荷降低量的数据与结论。

3.3 智慧能源的能效电厂开展总体情况

电力需求侧管理城市综合试点目标中，能效电厂与移峰填谷的任务指标是比较大的，有 39 万 kW。尽管每千瓦的补贴标准确定在 570 元，但由于能效改善项目最终是以能够削减负荷量来度量，每千瓦的负荷削减量的投入要远远大于 570 元，原因主要是在设备层面能够做的能效项目企业基本已经做完，过去

节省一吨标煤投入在 2000 元左右，而对于剩下的能效项目，每吨标煤的节省需要 4000 元以上的投入。开展需求侧能效电厂与移峰填谷项目难度较大。

为帮助企业申报落实电力需求侧能效电厂项目，佛山市分别针对项目申报单位和验收服务机构，开发项目验收工具包、编制试点项目验收工作手册和验收指南、根据九大技术类别制定电力电量计算方法、统一验收表单、明确验收流程，确保项目验收科学、规范和客观公正。自 2013 年 9 月开展电力需求侧试点项目备案至今，经企业自愿申报，区、市部门审核，全市备 400 个项目；预计节约和转移（减少）35.79 万 kW。

按照国家发改委对试点项目的分类标准，佛山市对 372 个备案进行初步分类，分类结果表明佛山市电力需求侧试点项目以绿色照明、电力系统拖动节能改造、可再生能源分布式发电为主，三者合计占备案项目总数近 70%。项目类型分布见表 3-1。

表 3-1　佛山市电力需求侧试点备案项目类型分类表

项目类型	项目（个）	比例（%）
变压器更换项目	3	0.75
电力拖动系统	119	29.75
负荷优化	9	2.25
可再生能源分布式发电	53	13.25
空调过渡季节冷却塔供冷项目	1	0.25
绿色照明	109	27.25
热泵空调	1	0.25
电力蓄能项目	1	0.25
蓄冷项目	6	1.50
可再生能源替代电能项目	4	1.00
无功补偿项目	3	0.75
蓄热项目	1	0.25
余热利用	18	4.50
复合改造项目	17	4.25
其他项目	55	13.75

3.4 项目实施与典型案例

3.4.1 绿色照明

LED是英文Light emitting diode（发光二极管）的缩写，主要是由III—IV族化合物制作而成，发光二极管的核心部分是由P型和N型半导体组成晶片的过渡层—PN结。所以，它具有P－N结的电压电流特性即正向导通、反向截止和击穿特性。同时还具有一些独特的性质即在一定的条件下具有发光特性，发光的原理主要是在正向电压情况下，电子由N区注入P区相反空穴由P区注入N区，在这个过程中注入的少数载流子会与多数载流子复合，复合时会将剩余的能量以光子的形式释放出来，从而实现了将电能转换为光能的过程。LED照明灯具的优点如下：

（1）环保灯具。传统的日光灯中含有大量的水银蒸汽，如果破碎，水银蒸汽则会挥发到大气中。但LED日光灯则根本不使用水银，且LED产品也不含铅，对环境起到保护作用。

（2）高效转换。传统灯具的转换率在27～67lm/W，而LED灯的转换率不低于90lm/W，大大提高的电能的利用率。

（3）无紫外线，没有蚊虫。LED灯具不会产生紫外线，因此不会像传统的灯具那样，有很多蚊虫围绕在灯源旁。

（4）电压可调，AC 80～245V。传统的日光灯是通过整流器释放的高电压来点亮的，当电压降低时则无法点亮。而LED灯具在一定范围的电压之内都能点亮，还能调整光亮度。

（5）节省能源，寿命更长。LED日光灯的耗电量是传统日光灯的三分之一，寿命30 000个小时以上，是传统日光灯的10倍以上，可以长期使用无须更换，减少人工费用，更适合难于更换的场合。

（6）与普通的荧光灯相比，LED灯无须镇流器和启辉器，无频闪。

（7）热量散发少。LED是更加先进的冷光源，它不像白炽灯，荧光灯那样辐射大量的红外线和紫外线。几乎没有白炽灯那样的电流热效应，不会受热胀冷缩的影响而炸泡。不会令灯泡发黄，不会令灯具加速老化，不会对周边环境构成温室效应。

（8）费用更节省，较之于白炽灯、荧光灯，LED 灯具的采购价格要高一些。但是，由于 LED 的能耗特别低，长期而言可以节省大量的电费，可以节省换灯的投入，因而综合使用成本更加划算。

某百货有限公司能效电厂项目 LED 节能改造的一个案例，具体见表 3-2。

表 3-2　　LED 灯改造清单

编号	改造前		改造后		数量（支）
	型号	额定功率（W）	型号	功率（W）	
1	T8	40	KX-T81200	16	2269
2	T8	30	KX-T8900	12	249
3	T8	20	KX-T8600	8	714
4	T8	26	KX-T-40	12	1490
5	T8	26	KX-T-50	12	3308
6	普通灯具	150	GL552006	21	20
7	普通灯具	50	AR111	9	13
8	普通灯具	50	GL5920029	9	10
9	普通灯具	75	LED 投光灯	20	5
10	普通灯具	250	LED 投光灯	70	60

安装 LED 照明灯节能改造项目动工时间为 2013 年 1 月 26 日，项目竣工时间为 2013 年 10 月 15 日。该项目基准期为 2012 年 1 月到 2012 年 12 月，统计报告期为 2013 年 11 月到 2014 年 1 月。各区域照明系统均未配备独立的电力计量器具。因此，无基准期单独计量的照明系统的电耗数据。本项目采用改造前照明系统额定功率及年运行时间来推算项目节能量。

（1）基准期负荷与能耗。项目基准期，照明系统年运行 300 天，日运行 13h（从 9:00～22:00），基准期运行时间 = 300 天 × 13h/天 = 3900h。照明系统全开时，采用照明灯具总功率及运行时间计算全年用电量。基准期照明灯具功率及全年用电量如表 3-3 所示。

表 3-3　　基准期照明灯具功率及全年用电量

编号	型号	额定功率（W）	数量（个）	运行时间（h）	总功率（kW）	全年用电量（kWh）
1	T8	40	2269	3900	90.76	353 964
2	T8	30	249	3900	7.47	29 133
3	T8	20	714	3900	14.28	55 692

续表

编号	型号	额定功率（W）	数量（个）	运行时间（h）	总功率（kW）	全年用电量（kWh）
4	T8	26	1490	3900	38.74	151 086
5	T8	26	3308	3900	86.01	335 431
6	普通灯具	150	20	3900	3.00	11 700
7	普通灯具	50	13	3900	0.65	2535
8	普通灯具	50	10	3900	0.50	1950
9	普通灯具	75	5	3900	0.38	1463
10	普通灯具	250	60	3900	15.00	58 500
合计					256.78	1 001 454

（2）统计报告期负荷及能耗。项目改造的动工时间为 2013 年 1 月 26 日，竣工时间为 2013 年 10 月 15 日，项目基准期为 2012 年 1 月到 2012 年 12 月，统计报告期为 2013 年 11 月到 2014 年 1 月。统计期负荷与能耗为：

项目统计期内，照明系统年运行 75 天（3 个月），日运行 13h（从 9:00 至 22:00），统计期运行时间 = 75 天 × 13h/天 = 975h。照明系统全开时，采用照明灯具功率及运行时间计算全年用电量，计算结果如表 3 – 4 所示。

表 3 – 4　　统计报告期照明灯具功率及全年用电量

编号	型号	额定功率（W）	数量（支）	运行时间（h）	总功率（kW）	全年用电量（kWh）
1	KX – T81200	16	2269	975	36.30	141 586
2	KX – T8900	12	249	975	2.99	11 653
3	KX – T8600	8	714	975	5.71	22 277
4	KX – T – 40	12	1490	975	17.88	69 732
5	KX – T – 50	12	3308	975	39.70	154 814
6	GL552006	21	20	975	0.42	1638
7	AR111	9	13	975	0.12	456
8	GL5920029	9	10	975	0.09	351
9	LED 投光灯	20	5	975	0.10	390
10	70W 投光灯	70	60	975	4.20	16 380
合计					107.51	419 277

改造前，照明系统额定功率为 256.78kW；改造后，照明系统额定功率为 107.51kW，节能改造项目实际降低负荷量为 149kW。

根据该单位运行情况，典型日即为普通工作日，可认为全年 300 天工作日均为典型日，典型日电网高峰时段为 6 小时。

典型日电网高峰时段节电量：

$$256.78\text{kW} \times 6\text{h} - 107.51\text{kW} \times 6\text{h} = 895.62\text{kWh}$$

项目年节约电量：

$$1\,001\,453\text{kWh} - 419\,277\text{kWh} = 582\,176\text{kWh}$$

3.4.2 光伏发电能效电厂项目

某家用电器工厂光伏发电示范项目是佛山电力需求侧试点通过光伏电站的建设削减固定负荷的有代表性的项目。实际装机容量 32MW，该光伏发电项目是亚洲最大光伏项目。光伏系统安装在公司厂区内建筑物屋顶上，共使用 13 栋建筑屋面，屋顶面积约 366 620m^2，建设地点平均海拔 2m。本项目站址地形连续、平坦，安装光伏系统的建筑物屋顶场地开阔、平坦，周围无高大建筑和遮挡物，非常适合安装光伏发电系统。光伏板全部采用固定式支架安装。该工程属新建光伏电站，包括太阳能光伏发电系统及相应的配套设施。本工程采用分块发电、集中逆变，集中升压并网方案，每个光伏并网发电单元的电池组件采用串并联的方式组成多个太阳能电池阵列。太阳能电池阵列输入光伏方阵初级防雷汇流箱、直流配电柜后，通过光伏并网逆变器逆变输出低压交流电，通过 10kV 升压变升压后并入电网。项目采用合同能源管理模式，按照分布式光伏“就近消纳、优先自发自用”的原则，少量富余电量再送入电网。项目已于 4 月 25 日正式并网投产，在 25 年的合同期预计总发电量约 7.64 亿 kWh，每年平均发电约 3054 万 kWh。项目每年节省电费数百万元。

工厂光伏发电示范项目由南网能源公司负责投资承建，项目总投入 5 亿多元人民币。实际装机容量为 31 256kW，项目实际降低（转移）负荷量，项目节约电力：

$$\Delta P = \frac{E}{T} \tag{3-6}$$

式中：E——可再生能源电站在电网高峰时段供给电量，kWh；

T——项目节电量对应在电网高峰时段小时数，h。

根据当时电价政策，电网高峰时段为 9:00～12:00，19:00～22:00，共计 6 小时，因为 19:00～22:00 光伏发电项目不在工作时段，通过采用 9:00～12:00 时段作为光伏发电项目的电网高峰时段，共计 3 小时。

2014 年 6～10 月典型日电网高峰时段发电量统计如表 3－5 所示。

表 3－5　　某光伏示范项目典型日的峰时段发电量情况表

项目＼时间	6 月	7 月	8 月	9 月	10 月
9:00～12:00 时段日平均发电量（kWh）	35 569.73	40 691.44	39 863.45	38 839.75	37 211.62
9:00～12:00 时段电量大于均值的数量（天）	15	15	15	9	20
9:00～12:00 时段电量小于均值的数量（天）	9	6	10	6	10
典型日 9:00～12:00 时段发电量总和（kWh）	675 900.8	701 880.5	720 791.4	435 062.3	861 013

据此，由典型日计算得：

$$项目节约电力=\frac{\sum典型日电网高峰时段项目节电量}{\sum典型日电网高峰时段小时数}$$

$$=\frac{675\,900.8+701\,880.5+720\,791.4+435\,062.3+861\,013}{(15+15+15+9+20)\times 3}$$

$$=15\,291.21\text{（kW）}$$

光伏工程发电示范项目所产生的负荷节约/转移量为 15 291.21kW；负荷节约/转移和节电量项目符合佛山市电力需求侧管理项目验收要求及该试点工作主管机构的要求，项目所产生的降低负荷量为 15 291.21kW，具体安装情况如图 3－1 所示。

3.4.3 余热利用项目

佛山市某水泥企业余热发电项目，利用低温、余热（320℃～330℃烟气）发电项目。项目为新型干法水泥生产线改造项目，并在 2013 年 9 月份增加磨机（开路球磨机，型号 3.8m × 13m）一台。其所采用的降低用电负荷的原理与依据是余热发电项目所产生电力为水泥/熟料生产线供电，该项目所发电力均为企业自用，满足企业水泥生产/熟料线约近 1/4 的电力需求，有效降低了企业对电网负荷的需求。

图 3－1 某工厂光伏项目

生产工艺线改造前，同一产量下的水泥/熟料审查工艺线上未改造前的所有输入功率累计值和改造后的所有输入功率累计值差即为需求侧管理能固定负荷削减值。所改造的是 2500t/d 新型干法水泥熟料生产线，窑头窑尾排放出大量废气，该生产线水泥/熟料年产 120 万 t/83 万 t；年用电量达 9000 万 kWh。通过建设低温余热发电项目，利用 2500t/d 新型干法水泥熟料生产线窑头窑尾排放出的大量废气，配套建设 6MW 装机容量的纯低温余热发电系统。每年预期可节约电能：发电机组发电功率为 4720kW，年发电量 3986 万 kWh；可节省电费：3986 万 kWh × 0.74 元/kWh = 2949.64 万元。主要效果如下：

每年实际可节约电能：2840 万 kWh，节约电费 2102 万元。项目余热发电所产生的负荷节约/转移量为 4012kW。项目节电量为 28 400MWh 每年，项目期节电量为 28 400MWh。

3.4.4 水蓄冷中央空调系统案例

某食品有限公司的“车间冷站扩建工程水蓄冷中央空调系统示范工程”项目对空调系统进行改造，通过增加制冷主机、蓄冷槽、蓄冷水泵、放冷水泵、换热器、平行流布水装置、冷却塔、电气及控制等设备，使空调系统可以在夜间低谷电价低谷时段制冷并蓄冷，在白天电价高峰时期放冷，达到永久转移电力高峰负荷的目的，该项目属于移峰填谷项目。

基准期空调系统采用2台制冷机组进行制冷，主要设备清单如表3－6所示。

表3－6　　主要设备清单

序号	设备名称	参数	单位	数量
1	离心式冷水机组	制冷量 2000RT	台	1
2	离心式冷水机组	制冷量 1000RT	台	1
3	冷却水泵	流量 $1600m^3/h$	台	1
4	冷却水泵	流量 $800m^3/h$	台	1
5	冷冻水泵	流量 $700m^3/h$	台	1
6	冷冻水泵	流量 $350m^3/h$	台	1

项目实施前制冷主机全天开启，根据用冷负荷自适应调节。电网高峰时段，制冷主机直接供冷，系统需要开启制冷主机、冷冻水泵、冷却水泵、冷却塔。二期空调系统在电价低谷时段尚有较多负荷剩余，随着制曲塔、办公楼及车间用冷需求增大，装机容量的增加，加大了空调系统昼夜间负荷的峰谷差，电价低谷时段将剩余更多的负荷。

（1）统计报告期情景技术/工艺介绍。本项目在车间西侧罐区兴建 1 个 7200t 蓄冷罐（蓄冷量达到 16 000RT）和 1 个泵房，从罐区引蓄冷管道到二期七车间冷站。冷站内，新增 3 台制冷主机、2 台 500 万大卡的板式换热器、2 台蓄放冷泵、2 台冷却水泵、4 台冷却塔，在夜间用电低谷期内，使用制冷主机制备冷水，通过蓄冷泵输送到蓄冷罐储存起来，在白天用电高峰期间，再通过放冷泵、板式换热器等设备来冷却常温水，以此形式放冷，达到移峰填谷的效果。蓄冷系统具备现场操作、远程监控及智能运行，确保系统在最佳经济效益下运行。图3－2为水蓄冷流程示意图。

（2）工作原理。

1）蓄冷：制冷主机、冷却水泵、冷却塔及蓄冷水泵运行，蓄冷水泵把蓄冷槽上部温度较高的水抽出输送到制冷主机，V3 阀门打开，经主机后变成冷冻水，V4 阀门打开，V5 阀门关闭，放冷水泵停止，冷冻水回到蓄冷槽底部，斜温层像活塞那样慢慢向上升高，直至冷冻水充满整个蓄冷槽。

2）放冷：制冷主机、冷却水泵、冷却塔及蓄冷水泵停止，冷冻水泵开启，V1、V3 阀门关闭，V5 阀门打开，放冷水泵从蓄冷槽底部抽出冷冻水，冷冻水经过板换，降低系统中的冷冻水温度，温度升高后返回到蓄冷槽顶部，斜温层像活塞那样慢慢向下降，直至冷却水充满整个蓄冷槽。

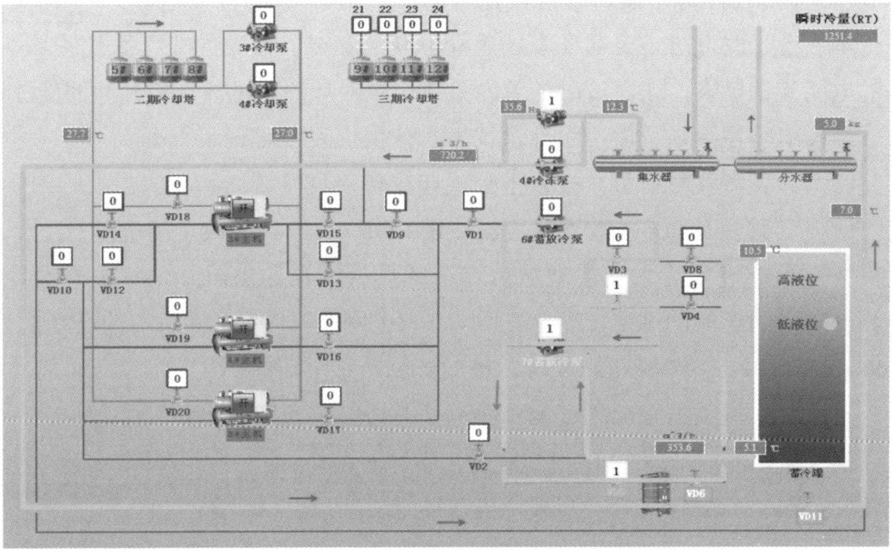

图 3-2　水蓄冷流程示意图

项目改造后主要设备见表 3-7。

表 3-7　　　　蓄冷项目的主要设备

序号	设备	参数	单位	数量
1	离心式冷水机组	制冷量 1000RT	台	3
2	冷冻水泵	KPS30-250；流量：700m^3/h 扬程：35m；功率：90kW	台	2
3	冷却水泵	KPS35-350；流量：1600m^3/h 扬程：30m；功率：200kW	台	2
4	板式换热器	500 万大卡	项	2
5	蓄放冷泵	KPS30-250；流量：800m^3/h 扬程：28m；功率：90kW	台	2
6	冷却塔	功率：22kW×4 台	套	1
7	水蓄冷罐	7200m^3	个	1

项目实施后：利用两台 3517kW（1000RT）制冷主机在夜间电价低谷段制冷，并储存至蓄冷槽，蓄水槽蓄水温度 4℃，白天供冷回水 11℃，有效利用温差 7℃，蓄水槽容积 7200m^3，最大蓄冷量 55 146kWh（15 600RTh）。白天电网

高峰时段，开启放冷泵进行放冷，两台 1000RT 制冷主机停运。系统只需开启 1 台放冷泵、2 台冷冻水泵、装机额定容量合计 270kW。

本系统在改造时，公司在系统工程中专门安装了制冷主机及各水泵、冷却塔的电能计量仪表，在蓄冷时的管网系统中及对放冷时的管网系统中也分别安装了经校准的蓄冷量、放冷量计量仪表，计量仪表实时记录数据。

（3）计算转移负荷量。按以下公式计算转移负荷量：

转移负荷量=（放冷时段放冷量/COP）－放冷时段总用电量

按佛山市电力需求侧管理城市综合试点工作领导小组办公室关于项目负荷高峰时段的选取的规定，需要按照广东省电网高峰时段：佛山市的高峰期为：9:00～12:00 时；19:00～22:00 时，按此计算转移负荷量。

按所记录的数据，分别计算二个高峰时段转移负荷量为：

第一个高峰时段（9:00－12:00 时）转移负荷量：

ΔP=（第一个高峰电放冷量÷3 小时÷COP）－

（Σ第一个高峰电放冷泵用电量÷3 小时）

=（77.2GJ÷3h×277.8kW/GJ÷3.59）－

（277+215+139）kWh÷3h

=1780.95kW

第二个高峰时段（19:00－22:00 时）转移负荷量：

ΔP=（第二个高峰电放冷量÷3 小时÷COP）－

（Σ第二个高峰电放冷泵用电量÷3 小时）

=（64.3GJ÷3h×277.8kW/GJ÷3.59）－

（221+122+158）kWh÷3h

=1491.55kW

按第二个高峰时段平均转移负荷量：

$$(1780.95+1491.55)/2=1636.25\text{kW}$$

社会经济效益：项目可转移高峰电力负荷 1636.25kW，全年约转移高峰电量 208 万 kWh，按平均每千瓦时电价优惠 0.6 元计算，可节约电费约 124.8 万元。

空调系统进行改造所增加的制冷主机、蓄冷槽、蓄冷水泵、放冷水泵、换热器、平行流布水装置、冷却塔、电气及控制等设备内容。

本项目通过对空调系统进行改造，增加制冷主机、蓄冷槽、蓄冷水泵、放冷水泵、换热器、平行流布水装置、冷却塔、电气及控制等设备，使空调系统可以在夜间低谷电价低谷时段制冷并蓄冷，在白天电价高峰时期放冷，达到永久转移电力高峰负荷的目的。

3.4.5 空压机余热回收改造

从固定负荷节约和节能两个维度，某电子有限公司对 1 台空压机余热回收改造。本项目是对一台 BOGE S150 空压机（110kW）进行余热回收改造，公司自行采购管式热交换器对空压机进行两级热交换处理，所得热水将并入之前的热水系统，供电镀及宿舍员工使用。从而可以降低电镀生产加热工序的电加热功率。图 3－3～图 3－6 给出了相关说明。

图 3－3 项目改造的空压机

图 3－4 余热回收装置

图 3－5　项目加装的热水储罐

图 3－6　利用了回收的空压机余热热水的电镀线

项目改造原理：空压机余热回收所得热水，通过加压泵进入电镀热水管网，热水在流经各镀槽的管网时，与槽体中的镀液进行热交换，从而将镀液加热，热交换后的热水通过管网回到空压机余热回收系统进行再加热。如此循环以确保满足电镀热水需求。系统管网均做有保温措施，以减少热水在循环中的热损失。

（1）系统循环中各部位的温度。

（2）系统在进入电镀热水管网前加装了一套辅助加热系统，当空压机余热回收系统出现异常时，可使用辅助加热系统进行加热。另当某些特殊工艺要求较高温度时，也可使用辅助加热系统对热水进一步加热，以满足工艺要求。

（3）系统控制方案。

1）各电镀线及电镀线中各镀槽中的热水管网均采用并联方式连接，且安装旁通管路及阀门，可根据生产的调节及热量需求，通过机台的控制器分别独立调节各槽体是否加热及控制加热温度。且机台控制面板可以显示各槽体的情况，便于技术人员现场监控加热系统的运行。

2）冷水补充：由于加热会消耗部分循环水，系统设置纯净水补水罐，当水位下降至全高的 3/4 时，系统自动补水。采用纯净水作为循环水，可以减少管网中的水垢，确保系统的正常循环。

2009 年开始，该企业陆续对 11 台空压机进行了余热回收改造，回收的热量用于生活热水及 3 号、4 号、5 号、6 号电镀线，节能效果很好。本项目正是企业以上成功经验上继续于 2012 年 10 月将剩下的 1 台空压机也进行了余热回收改造，且对 1 号、2 号电镀线也进行了节能改造，利用空压机余热代替电加热器加热。12 台空压机全部余热改造完成后，空压机运行状况为：回收的热水集中在同一个储罐中，通过加压泵将热水供给生活使用和电镀热水管网。由于 12 台空压机的余热热水全部混合在储罐中，且都用于 1～6 号电镀线，1～6 号电镀线分别使用的热水量基本均等，因没有分开计量，故认为每台空压机余热回收量相等。因此将 12 台空压机和 1～6 号电镀线看成一个整体计算出 12 台空压机和 1～6 号电镀线降低的负荷总量，最终均摊至每台空压机。企业第一台空压机余热回收改造项目开工时间为 2009 年，最后一台空压机余热回收改造的竣工时间为 2013 年 10 月，所以确定该项目基准期为 2008 年 1 月到 2008 年 12 月，统计报告期为 2014 年 1 月到 2014 年 12 月。

基准期负荷与能耗：电镀线耗电量为 10 773 711kWh，年平均运行时间为 5055h，平均功率为 2131.5kW。

统计报告期负荷及能耗：

企业第一台空压机余热回收改造项目开工时间为 2009 年，最后一台空压机余热回收改造的竣工时间为 2013 年 10 月，所以确定该项目基准期为 2008 年 1 月到 2008 年 12 月，统计报告期为 2014 年 1 月到 2014 年 12 月。

报告统计期负荷与能耗：

根据统计数据，报告统计期 1～6 号电镀线的耗电量为 1 058 311kWh，运行时间为 3826h，平均功率为 276.6kW。

项目实际降低（转移）负荷量：

该改造项目属于“能源综合利用能效电厂类”项目中的“余热/余压利用、可再生能源替代电能项目”，项目节约电力可由下式计算：

$$\Delta P = E/T \tag{3-7}$$

式中：E——项目改造后余热/余压、可再生能源在电网高峰时段耗替代电量，kWh；

T——项目节电量对应电网高峰时段小时数，h，按照广东省电网高峰时段，佛山市的高峰期为9:00～12:00 和 19:00～22:00，电网高峰时段小时数为6h。改造前1～6号电镀线在电网高峰时段耗电量E_1：

E_1 = 电镀线耗电量 ÷ 运行时间 × 电网高峰时段小时数

= 10 773 711 ÷ 5055 × 6 = 12 789kWh

改造后1～6号电镀线在电网高峰时段耗电量E_2：

2014年辅助加热系统消耗电力291 091kWh，消耗天然气18 660m^3，天然气折算成电力为74 083kWh，则辅助加热系统共消耗电力365 174kWh。

2014年电镀线系统总耗电量 = 1～6号电镀线耗电量 + 辅助加热系统耗电量

= 1 058 311 + 365 174

= 1 423 485kWh

E_2 = 电镀线耗电量 ÷ 运行时间 × 电网高峰时段小时数

= 1 423 485 ÷ 3826 × 6 = 2232kWh

E = 项目改造后余热/余压、可再生能源在电网高峰时段耗替代电量

= 10 557kWh

项目节约电力ΔP:$\Delta P = E/T = 10\,557 \div 6 = 1759.4$kW

可得，1台空压机余热回收所降低的负荷为146.6kW。

节能：基准期内，1～6号电镀线平均年运行时间为5055h，则1台空压机能降低能耗：146.6kW × 5055h = 741 063kWh

4 电力需求响应探索与实践

4.1 电力需求响应基本理论

“需求响应”是当今被世界各国广为关注的在能源供应与能源使用之间系统性优化平衡的主流科技之一，也是智能电网的核心内容。需求响应是英文Demand Response的翻译，源自美国。需求响应已在美国发展了近20年，积累了大约2000多万kW的电力需求响应能力。除美国之外，需求响应也得到了欧洲、日本、澳大利亚、印度等世界许多国家的重视和发展。按照美国能源部的定义：电力需求响应是各类电力用户在电力高峰时期，为了应对电价的变化或者获取补贴而调整常规用电模式的一系列活动，其目的是确保电网的稳定性、提高电力系统的效率、实现电力系统性节能减排并帮助平衡新能源间歇性发电的波动。

图4－1给出了电力系统与需求响应的示意图，图中绿色数值为需求响应的能力（简称为DR），构成绿色弹性调节负荷池。

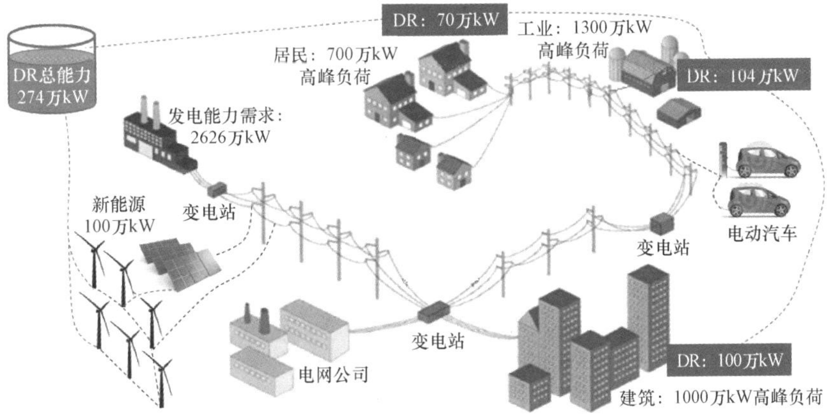

图4－1　电力需求响应系统示意图

需求响应资源是一种电网内业已存在的、没有被充分利用的、宝贵的柔性负荷资源，通过科技的、市场的、经济与管理的手段能够实现对这一特殊资源的挖掘与集合，形成“柔性电力负荷池”，其效果类似于电力系统旋转备用调峰发电机组，或虚拟负荷电厂。需求响应关注的是电力用户不经意浪费掉的或对其生产、工作影响不大的点点滴滴的负荷，用户在经济激励机制作用下主动削减这些负荷以解决区域电力高峰或者是日常电网频率调整的需求。多个国家的实践经验表明，需求响应能够减缓电力投资、提高电网运行效率、降低电力成本、节能减排、改善环境。电力需求响应的核心内容如图 4–2 所示。

没有互联网与现代的信息通信技术就没有当今意义上的需求响应。自动控制技术、数据采集分析技术以及大数据分析方法等为需求响应的发展奠定了技术基础。从这个意义上说，需求响应是互联网、移动互联网、智能系统与控制、数据分析技术的集成应用。需求响应具备以下特点：

（1）规模性——巨量用户参与、双向互动，开放的互联网模式。

（2）聚集性——聚集浪费的或影响不大的负荷，占比约为 5%～10%。

（3）激励/主动——通过激励进行驱动，客户自愿、主动削减。

（4）多种技术综合应用——信息通信技术、互联网、智能系统控制技术、大数据分析技术等。

（5）多种学科交叉作用——自然科学、经济学、管理学、心理学等。

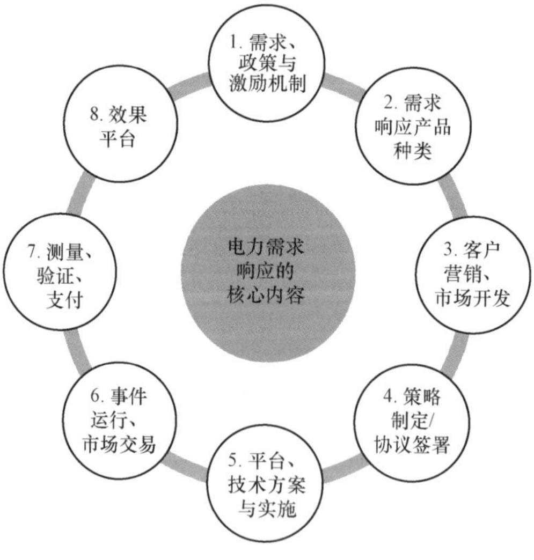

图 4–2　电力需求响应的核心内容

4.2 国外需求响应实施模式借鉴

由于涉及数量巨大的电力终端用户，其改变用电方式是通过以激励为条件的自愿行为，因此电力需求响应的建立与发展本身就是以市场化手段为核心，需要采用市场化运作机制。需求响应解决的是什么时候用电的问题，本质是在需要的时候节约电力，从而实现电网系统供需平衡。美国和许多西方国家都拥有比较成熟的电力市场，电力作为商品参与交易已经具有比较长的历史。不同的国家具有不同的交易市场与交易规则，例如电力现货市场与电力期货市场，电力用户可以根据电量与电力需求以及市场价格的变化做出购买决定。以美国为例，其电力体制采用发电输电分离、输电与配电（或售电）分离、市场公平竞价机制。电力交易分为双向交易和市场交易两种。双向交易是售电公司与供电公司之间或者供电公司与用电客户直接的双边交易活动，用合同的形式决定供应量、质量与供应时间。电力市场交易则采用市场交易平台的方式让电力供需多方进行交易。美国电力交易市场主要由国家授权批准、并受到高度监管的、独立的、非营利的“独立系统营运商（ISO）”负责营运。“独立系统营运商”除营运区域电力交易市场外还负责所覆盖区域电网的可靠性管理、电网的瞬态供需平衡以及区域电网的发展规划等。电力交易市场的营运类似股票市场，包括交易平台管理、规则制定、交易结算等。电力市场交易的主体是电力公司或售电公司（美国售电是放开的）或电力大用户。目前美国有 7 个大的“独立系统营运商”，主要涵盖的大城市与人口密集区域，“独立系统营运商”的监管部门是美国政府联邦管理委员会。

美国的电力交易市场的交易品种繁多，例如提前一天电量交易、实时电量交易、电力容量交易（主要用于确保有足够的发电能力满足电力高峰的需求）、电网频率调节服务交易、输电权交易以及虚拟交易等等。市场化是提高电力系统效率、削减电力生产、降低输电与各种电力服务成本的主要手段之一，电力市场化能够确保了最终消费者的电价稳定与持续下降。2011 年美国联邦能源监管委员会下达了 745 号令，允许电力需求响应享受与发电厂相同的待遇进入电力容量市场交易，促进了电力需求响应的发展。

4.3 中美典型地区需求响应需求分析

图 4-3 给出了纽约与上海 2013 年夏季高温日实时电力负荷曲线的对比。从图中可以看到，纽约高温日 7 月 15～19 日，最高电力负荷在 3400 万 kW 左右，比一般高峰时段高出 400 万 kW，对其电力供应造成严重挑战。值得注意的是，全年纽约的用电高峰仅仅持续了一周时间，而且在这一周内每天只持续数个小时，总计不过 23 个小时。如果为这 23 个小时建设备用电厂，这个电厂一年的运行时间也只有 23 小时，如果像 2014 年的气温情况，这 400 万 kW 的新增发电能力连一个小时都不需要开机，造成资产的浪费，电力成本的上升。纽约通过采用市场的方法，以高负荷时段电力容量市场的高价格吸引各种发电资源投入运行增加容量，同时采用多年积累起来的 150 万 kW 的电力需求响应能力（主要参与用户为居民），通过这两种方法有效地应对了高温日电力高峰负荷的挑战。

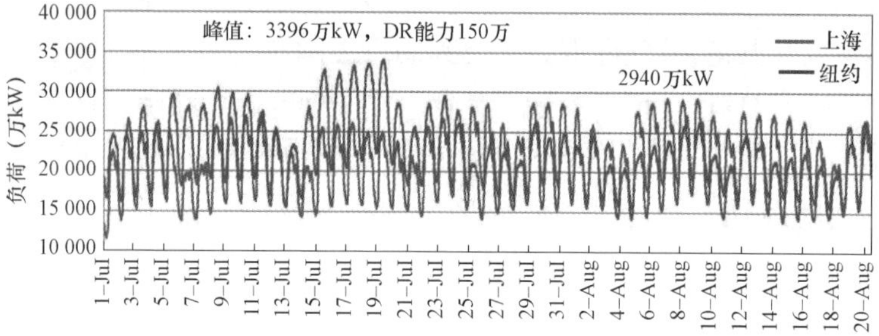

图 4-3　上海、纽约 2013 年负荷曲线对比示意图

图 4-4 给出了纽约在过去几年如何使用电力需求响应帮助缓解高温引起的电力负荷高峰的情况。

从图 4-3 中还可以看到，2013 年上海的电力高峰在 8 月 7 日达到最高峰 2930 万 kW，创历史纪录。为应对这一电力高峰，电力系统付出了巨大的努力，甚至采用拉闸限电的方法。如果电力负荷略高于这一数值，有可能造成大面积停电。上海电力系统面临的问题不仅仅是峰值负荷极高，更棘手的是峰谷差极大。在同一高温日，电力高峰从下午的最高峰 2930 万 kW，到第二天凌晨下降到 1500 万 kW，许多市内发电机组必须在很短的时间内把机组的发电量降下来，造成了巨大的供电风险（例如有的发电机组熄火后第二天就无法启动），同时发电机组在电力低谷时段必须以 30%～40%的低负荷运行，造成发电能耗与排放的急剧上升。对于上海这种峰值负荷极高、峰谷差极大、电力调峰能力比较缺乏的大城市，实施类似美国纽约的电力需求响应就显得非常有必要，预期成效显著。

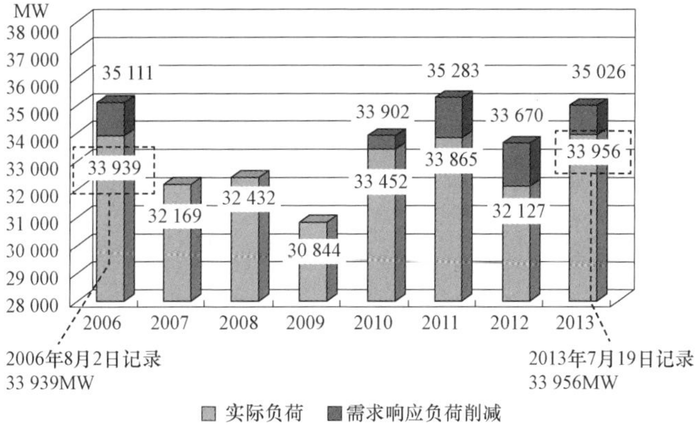

图 4－4　纽约采用电力需求响应克服高温日电力高峰问题

4.4　佛山需求响应实施方案

4.4.1　组织形式

佛山市每年都有约 50 万 kW 的有序用电缺口。佛山经信局与供电局高度重视，探索利用电力需求侧管理解决有序用电问题的新途径。根据国家发改委自动需求响应试点工作的有关要求，佛山市经信局积极开展自动需求响应专题研究和有益探索。学习借鉴上海和香港中华电力的成果经验，编制了佛山市电力自动需求响应实施工作方案，于 2014 年 12 月由市政府正式印发。方案提出利用三年时间，建立起佛山市的电力自动需求响应体系，为电力需求侧管理试点工作创造新的管理经验，探索一套符合市场化的需求响应机制模式向其他试点城市推广。按照市政府批复的自动需求响应建设方案，佛山市将全面推进试点项目的实施，充分利用有序用电管理经验，建立激励机制，通过技术和经济手段提高用户参与积极性。通过实施自动需求响应，实现负荷自动控制和信息实时传递，推动企业整体效益提升，树立示范并推广实施。通过试点建设，充分发挥自动需求响应削峰填谷和消纳间歇性能源重要作用，提高电力应急处置能力，确保电网安全稳定运行。

4.4.2 运行方式

佛山市电力需求响应试点流程如图 4－5 所示。事件的基本执行过程为：

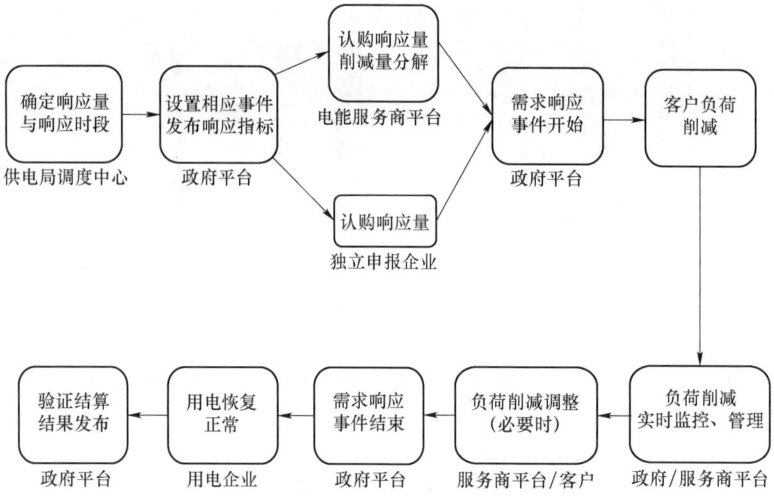

图 4－5　佛山市电力需求响应试点流程

（1）佛山供电局根据佛山市负荷预测情况确定第二天负荷缺口量与时段。

（2）佛山市经信局在其网站上发布需求响应事件通知，公示的好处是客户能够查询并确认需求响应事件是政府与供电局确认的，如果参加就能够被承认。随即政府需求侧管理平台（以下简称“政府平台”）设置该需求响应事件，并配置这一事件的相关参数，包括时间段，总缺口量等，如果需要削减的负荷小于各家电能服务商及独立申报企业需求响应资源能力时，政府平台按照过去电能服务商经过验证的能力或平均分配的方法给出电能服务商或独立申报企业负荷削减指标。

（3）根据政府平台设置的事件需求，电能服务商或独立申报企业根据自己的能力认购负荷削减量，并与终端客户交流、沟通、确认（独立申报企业本身就是终端客户，无须该步骤），这一过程主要在电脑或手机终端上完成。电能服务商或独立申报企业认购的信息自动反馈到政府平台。电能服务商采取多种方式通知企业，包括电脑终端、手机应用、微信、短信、电话等。

（4）需求响应政府平台、电能服务商平台与客户终端系统联动，需求响应事件按照设定的时间准时、自行启动。

（5）终端客户按照已经确定的需求响应策略实施负荷削减。

（6）需求响应事件开始后，政府平台、电能服务商平台、客户都实时在自己的界面查看负荷削减的情况，并互相沟通，解决异常问题，必要时进行调整，确保削减量的实现。

（7）需求响应事件结束后，系统自动通知事件结束消息，客户用电恢复正常模式，需求响应结果在事件完成后展现。

4.4.3 响应事件统计分析

自 2015 年 7 月 30 日～2015 年 12 月 7 日，佛山共组织开展电力需求响应试点运行事件 15 次，其中第 1 次、第 2 次、第 9 次事件为全市集中试运行事件，其他事件为分批试运行事件。以上事件涵盖了上午或下午不同时段、持续时间为 1～2h 不等，响应对象与响应量确定方式有由平台分配或由企业自主申报两种。其中，最大规模的一次，同时参与企业达 100 家（最小规模的一次，同时参与企业数为 9 家），连续 2 天的测试型响应事件共 4 次，测试最大削减量为 13.7 万 kW，最小削减量为 1 万 kW。

根据试点平台结果统计，三个电能服务商签约企业及自主申报企业响应次数达 4 次以上企业共 144 家（已验证企业），占总签约企业数的 94.1%，响应达标企业共 130 家，占总签约企业数的 84.97%，其中已达标企业的签约量为 19.3 万 kW，占总签约量的 91.33%。

5 需求侧管理平台建设

5.1 概　　述

电力需求侧管理政府平台是电力需求侧管理城市综合试点的一个重要工作内容之一。城市级别的需求侧项目数字化监测，一方面是国家能源数字化发展战略的一个部分，另一方面是能够实现对需求侧管理的各种能效电厂、移峰填谷项目进行实时状态监控，最终通过数字化的方法协助测量、验证各类项目的负荷削减效果。数据是衡量项目结束时某个企业或某个区域实施需求侧管理项目所具备的负荷调节的能力。

政府电力需求侧管理平台是区域大数据中心，平台汇集并整合来源于电网、政府、企业、电能服务商及其他途径的电力需求侧相关数据，构建电力需求侧大数据中心。支持从多角度多层次对数据进行统计分析，以快速、交互的操作，帮助决策者从各个方面观察数据信息，深入理解数据。支持隐含信息的数据挖掘与分析，为决策人员提供辅助手段。

5.2 能效电厂管理模块

能效电厂管理是电力需求侧管理政府平台的重要内容之一，通过智能化系统集成来实现对既有系统的能源消耗进行节约与改善（如图 5－1 所示）。系统应用智能化集成系统技术，对地区各用能系统的能耗信息予以采集、显示、分析、诊断、维护、控制及优化管理，通过资源整合，形成具有实时性、全局性和系统性的能效综合管理功能的系统；平台以地区内各用能设施运行为基础条件，依据送电和用电设备运行中所采集的数据，反映其能源传输、变换与消耗的特征，采用能效控制策略实现能源最优化，最经济的专家决策系统。电力需求侧管理能效电厂管理平台上的主要功能有（如图 5－2 所示）：

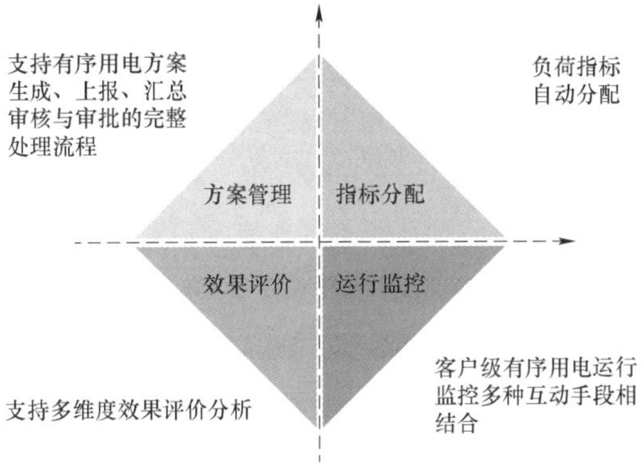

图 5-1 电力需求侧管理平台能效电厂管理功能

(1) 企业用能分析：企业用能设备管理、在线监测、历史分析、用电时比、类比；

(2) 节电项目分析：地区行业节电分析、节电类别分析、节能量属性分析、节电力与投资分析、投资回报分析、企业节能诊断；

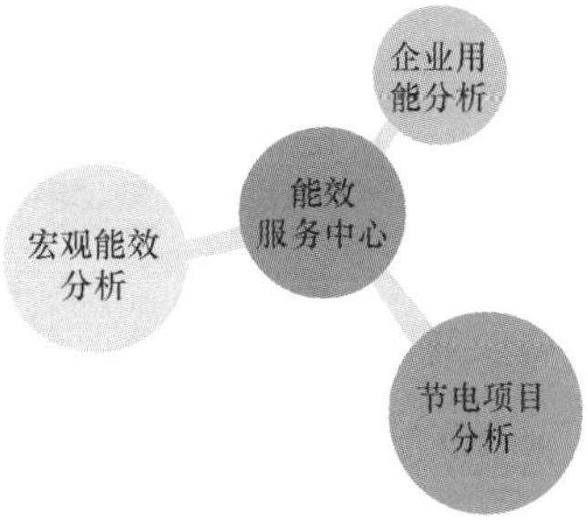

图 5-2 电力需求侧管理平台分析功能

(3) 宏观能效分析：地区、行业能效分析、企业能效分析、地区、行业能效对标、节电量换算。

5.3 需求响应管理模块

通过需求响应试点，了解关口表在实施选响应方面的潜力及问题，同时考虑按照需要在企业端安装分项计量表，一方面提供需求响应的数据，另一方面为企业数字化增值服务奠定基础。在试点需求响应项目的同时，深入挖掘客户在能源管理、设备管理、生产运行、成本控制等方面的多种需求，利用政府平台、电能服务商平台以及电能服务商需求响应客户端系统，研究为客户提供除需求响应之外的各种增值服务，在目前激励不足的情况下，通过客户增值服务组合对现有客户产生黏性，并吸引其他未参加企业参与，形成激励不足情况下，需求响应可持续发展的机制。需求侧管理平台主要功能菜单见图 5-3。

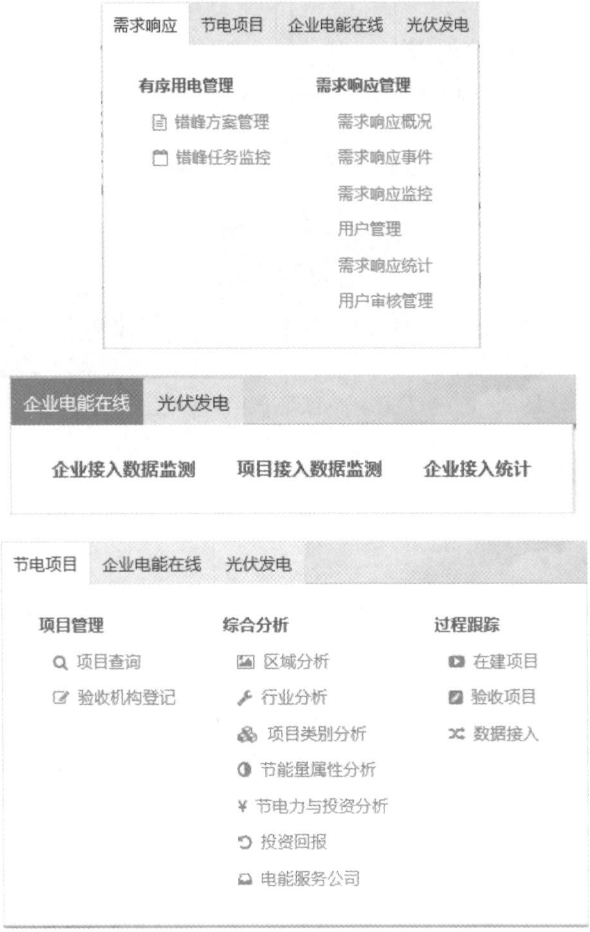

图 5-3　电力需求侧管理平台主要功能菜单

政府需求侧管理平台全面支持有序用电管理和电力需求响应管理工作，实现了智能化的有序用电方案编制、指标分配、运行监控、效果评价应用功能；支持有序用电方案的生成、上报、汇总、审核、审批等完整业务流程，基于客户历史用电数据进行全自动分组并生成错峰轮休用户安排表；构造了有序用电负荷指标分配模型，采用统一的分配方式实现有序用电负荷指标的市区、市所的自动分配；支持客户级的运行监控，根据历史数据自动计算错峰力度，并提供多种条件（如电力紧张程度、客户所在区域、客户所属行业、客户信用、客户负荷特性、客户环保情况、客户用电价值、客户对有序用电支持力度、客户对节电项目支持力度等）供有序用电监控人员进行辅助决策，确定错避峰用户优先级；支持按照多种维度进行有序用电效果评价与统计分析，如时间、区域、行业等。

电能服务商平台是政府电力需求响应平台与客户用电终端负荷管理的桥梁，负责电能服务商管理自己客户档案、管理客户数据接入、分析管理需求响应资源、组织客户参加需求响应事件、需求响应时间过程中的实时互动，客户负荷削减量核算等工作。

需求响应平台的系统架构如图 5－4 所示，主要功能如下。

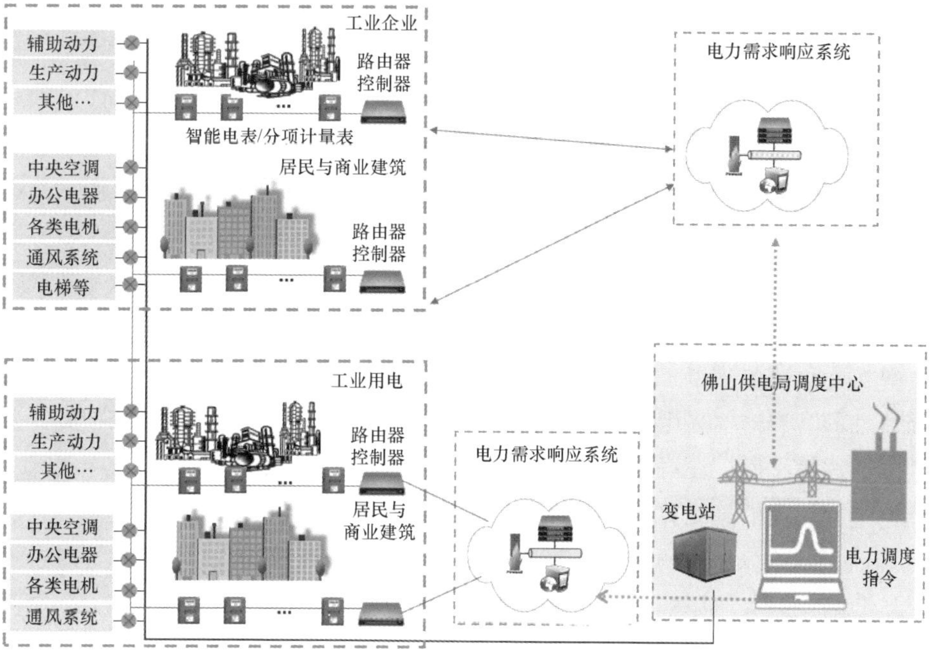

图 5－4 电力需求响应宏观业务流程

（1）需求响应事件管理。从需求响应通知的发布到最后需求响应结束的时刻，构成了一个完整的需求响应事件。每个需求响应事件都详细记录了该次需求响应的所有具体数据，包括事件类型、执行时间段、参与客户明细、参与设备明细、需求响应阶段实时负荷曲线以及实际负荷削减量等数据信息。这些信息归档并保存，供后续查看和管理。正在进行的需求响应事件，也可在需求响应看板实时监测，查看实时负荷和基线负荷的差距，有问题是及时处理。

（2）需求响应策略管理。需求响应中有两项关键业务。其中之一是需求响应策略的制定。策略的制定包含客户削减潜力的制定和需求响应执行目标的选择。客户削减潜力主要根据平时客户设备正常工作情况下的实际负荷值和关停设备后负荷的下降值来估算。电能服务商与客户负责人进行沟通并现场考察，协助客户负责人分析各个用电设备的实际负荷使用情况和运行情况，了解各个用电设备的运行和关停时间、关停时间长度及关停前最晚通知时间等。最终把有一定削减潜力并可参与需求响应的设备分类录入系统。

（3）需求响应产品管理。按通知类型分类，有提前 30min 通知负荷削减、提前 4h 通知负荷削减、提前一天通知负荷削减和提前三天通知负荷削减四类。设备的归类是需求响应策略的制定的基础。

（4）负荷基线算法管理及计算。另一项关键业务是基线的计算。如何确定客户参加需求响应的负荷基准线直接关系到负荷削减量的测量和验证，是电网公司和客户之间利益平衡的基础。客户电力负荷基线的本质是客户短期负荷需求预测曲线，是根据历史数据及预测当时其他相关数据（如气温、湿度、生产调度安排等），对短期的未来进行模拟的曲线。如果不考虑误差，则某客户某天的基线就是该客户正常用电时的预测模拟曲线，故可以作为需求响应基线来计算实际负荷削减量。由于客户行业种类繁多，用电模式各有不同，对不同负荷特性的客户需要采用不同的基线算法。故平台开发不同的基线算法种类，并建立基线算法库，在每次需求响应时，根据当时的条件测量数据，从基线算法库中选择不同的基线算法进行实际负荷削减量的核算，从而提高的核算结果的准确性。基线算法库的建立使对基线算法的管理更加规范。

负荷削减直接影响到电网公司和客户的经济效益，最终负荷削减的衡量归结到资金补贴的结算。对于不同的负荷削减策略和负荷削减量，建立不同的经济补贴或政策激励方式，更好地平衡电网和客户的利益关系，达到资源利用最大化，经济效益最高化。

6 智慧综合能源的发展与实践

6.1 概　述

综合能源与电力需求侧管理有着很强的直接关系，在需求响应方面能够利用储能等进行有效的调节，既能够扩大负荷响应的蓄水池，也能够更好地满足用户用电需求，实现了虚拟电源点的补充。

6.2 蓄冷储能技术

蓄冷技术是综合能源发展的一个重要方向，也是国家重点推荐的储能技术之一，随着广东省全面放开蓄冷电价，意味着蓄冷技术在电价政策利好下将逐步普及。蓄冷技术利用峰谷电价差，在低谷电价时段将冷量存储在水（冰）中，在白天用电高峰时段使用储存的低温冷冻水（冰）提供空调用冷，能够为商业楼宇提供很好的能源供给，满足电力使用占比较高的空调的用能需求。冰蓄冷工作原理见图6－1。

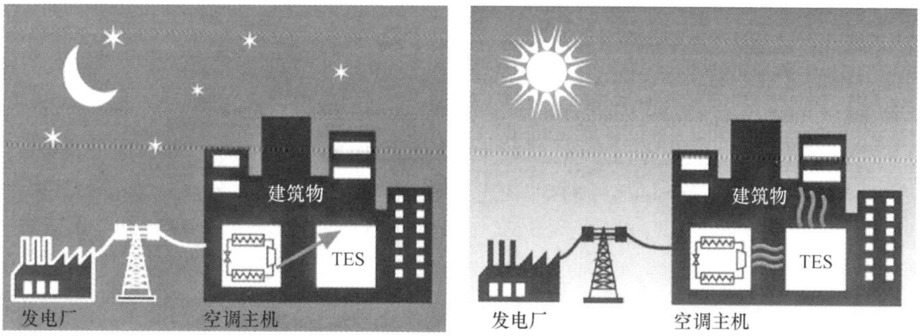

图6－1　冰蓄冷工作原理

蓄冷技术目前主要有冰蓄冷技术、水蓄冷技术及相变蓄冷技术。

冰蓄冷技术是利用峰谷的电价差，在夜间利用市电通过制冷主机制冰，将冷量以冰（冷冻水）的形式蓄存起来，然后在白天根据负荷要求释放这些冷量，这样在电力低谷段蓄冰（冷冻水），在用电高峰时期就可以少开甚至不开主机。这样就可以将电网高峰时间的空调用电量转移至电网低谷时使用，从而利用峰谷电价政策，达到为用户节约电费的目的。

在一般大楼中，空调系统用电量占总耗电量的35%～65%，而制冷主机的电耗在空调系统中又占65%～75%。在常规空调设计中，冷水主机及辅助设备容量均按尖峰负荷来选配，这不仅使空调系统的电力容量增大，而且使得主机等空调设备在大部分情况下都处于低效率的部分负荷状态运行，显得很不经济，设备利用率也低，投资效益低。

另外由于空调负荷的分布在一年之内极不均衡，尖峰负荷约占总运行时间的6%～8%，空调主机的利用率低，且浪费配电设施及其他相关投资。采用冰蓄冷中央空调后，可以选择相对较小的主机，在夜间主机蓄冰，白天主机与蓄冰装置一起工作满足空调负荷。

这样全日主机利用率将极大提高，用电负荷将非常平均，相应的配电设施及其他投资效益大幅度提高。冰（蓄冷从系统构成上来说只是在常规空调系统的基础上增加了一套蓄冰装置、板式换热器、和一套乙二醇溶液泵，其他各部分在结构上与常规空调并无不同，它在遵循的技术规范方面也与常规空调基本一致。蓄冷技术系统原理图如图6－2所示。

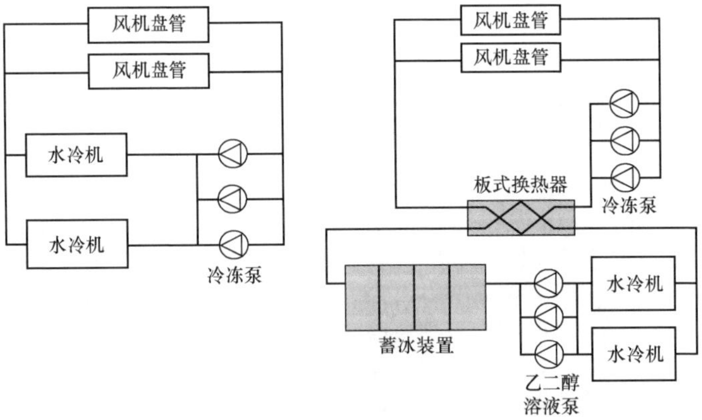

图6－2　蓄冷技术系统原理图

冰蓄冷空调是利用夜间低谷负荷电力制冰储存在蓄冰装置中，白天融冰将所储存冷量释放出来，减少电网高峰时段空调用电负荷及空调系统装机容量，它代表着当今世界中央空调的发展方向。所谓运行策略是指蓄冷系统以设计循环周期（如设计日或周等）的负荷及其特点为基础，按电费结构等条件对系统以蓄冷容量、释冷供冷或以释冷连同制冷机组共同供冷作出最优的运行安排考虑。一般可归纳为全部蓄冷策略和部分蓄冷策略。

主要做法如下：一是采用静态盘管冰蓄冷技术。针对项目可利用面积较小、场地有限的特点，采用静态冰蓄冷技术，通过新增 300RT 主机、145m^3 蓄冰槽、增乙二醇泵、换热器、控制系统等设备，在夜间蓄冷，将冷量储存在新建蓄冰槽内；白天高峰时期通过融冰系统进行放冷。夜间 8 小时最高峰蓄冷量约为 2300RTH。二是新增中央空调群控系统。通过安装流量计、温度计、敷设控制线，对空调系统进行群控操作。系统可优化空调系统运行模式，提高主机 COP 效率，延长中央空调寿命；避免大马拉小车，提高满载负荷率节能效益；最终实现中央空调智能化群控，达到系统能耗精细化管理；三是采用合同能源管理模式，此种模式为国家推荐的节能服务商务模式。

下　篇

电力需求侧管理的应用研究

7 基于用户效益的电力需求响应算法研究

7.1 概　　述

云计算、大数据、人工智能、深度学习等互联网信息技术的深度融合下，电网的运行方式、形态与供电服务也发生了重要变化。智能电网的出现，充分利用高效的新型理论分析与计算机技术，实现了采集、处理、分析、管理与综合电力生产和供给的全流程数据，将电能生产、传输、供电、管理等各个环节的信息融合在一起，充分反映出电力本身的市场价值。电力需求侧管理经历了几十年的发展，越来越让人认识到其本质仍然是为了反映电力自身的市场价值。电力需求响应是需求侧管理一个本质体现的主要研究方面，通过电能使用的价值来反映用户对电能需求的消费价值和期望价值，将用户的需求有效通过市场进行了反映，这不仅能够从根本上实现需求侧管理的管理实施，也体现了需求响应的经济本质。在用户需求响应过程中，负荷需求响应算法尤为关键，它体现了如何调度与分配需求响应，并与用户的获得感紧密结合，是整个需求响应的核心。

目前研究的算法，一方面主要集中在考虑电网设备安全运行领域，以设备安全运行参数为出发点的优化，很少考虑用户在需求响应过程中的效益模型，另一方面，在考虑用户侧时，更多的也是考虑固定用户的电网模型，主要采用于集中式算法计算、固定数量用户等进行研究，难以有效的体现当多种环境参数发生变化时的调整问题，对分布式条件的考虑较少。

7.2 电 力 需 求 响 应

用户对电能的价值要求综合了质量、可靠性、使用性等多种维度，充分考虑了自身的经济效益。因此，将用户需求响应的经济效益纳入考虑，是从传统的政策性引导向经济价值激励的一种改变，也是通过反映用户经济效益来体现电能对用户的经济价值。

用户经济效益在需求响应中地位越发重要，用户经济效益集中反映了用户在需求响应中的响应负荷贡献的价值。电力需求响应已经不仅仅是从电网平稳运行本身为核心出发点，更多需要考虑用户如何更好参与、如何更好体现用户参与需求响应的价值以及电能在需求响应时市场价值体现等内容。传统的需求响应机制一般会简单化的要求客户自觉进行避峰，只考虑了响应负荷对于电网运行的意义，缺乏对用户经济效益在需求响应中价值的全方位考虑。

以客户为中心的电力需求响应管理不仅要满足安全稳定运行，而且还要充分思考提升用户效益。一方面，负荷控制是基于各类约束条件，避免无序无限制的负荷响应等异常情况发生，保障电力系统稳定安全运行；另一方面，用户对不同条件下需求响应的效益也不一样，负荷响应进行合理优化的配置，才能更好地反映用户效益。负荷响应控制算法是需求响应管理的一个核心。近些年来，也出现了不少应用模糊算法近进行需求响应分析。同时也有利用市场交易中的博弈论理论进行算法分析。

本书讨论的算法建立在一般多用户的电网场景中，能够实现如有在旧用户退出或新用户进入等条件改变时的优化调整，而不仅仅依赖一般性定值的计算，满足不同条件下需求响应负荷优化计算的连续性。一般传统计算方法是采用集中的计算模式，复杂度较高，本文讨论的算法能够实施分布式的过程，计算方式利用线性算子进行，简洁而快速，能够进行阶梯线性的改变，避免传统计算模式的波动式调整，在分布式计算的基础上，有效的简化每步计算过程，能够实现稳定调整基础上的优化步骤。在一定需求响应和负荷条件下，该算法能够进行用户负荷响应的效益分析，能够全面地反映用户响应效益价值。

7.3 基于用户效益的需求响应系统模型

首先建立一个典型的用户应用模型。考虑一个实施电力需求响应的电网区域，用户需要提供相应的响应负荷，在电网需要开展需求响应的时候配合降低或者削减负荷，这也是常见的需求响应典型场景。

结合经济激励机制、用户自身用电需求和实际市场价值，用户的收益可以通过一个效益函数进行体现，这也是反映响应负荷对用户的经济价值。考虑该区域有 M 个用户，并且定义集合 $Z=\{1, 2, \cdots, M\}$。第 i 个用户所响应的电力负

荷为 x_i，定义集合 $X=\{x_1, x_2, \cdots, x_M\}$。设定第 i 个用户获取效益的函数为 $f_i(x)$。经济效益函数一般是对某种变量的收益，根据数学定义，效益函数一般为凹函数，满足一阶导数大于或等于 0 而二阶导数小于或等于 0 的要求，使得效益函数的拥有者在变量越大时收益越大，但是边际收益逐步递减，比如传统的对数函数就满足这条的一般条件。

在实际应用中，用户贡献了响应负荷 x_i，可以获得一定的经济奖励，用户可以获得效益 $f_i(x)$，效益函数反映了用户贡献响应负荷从而获得经济激励的获得值。这种通过经济激励来促使用户主动愿意贡献响应负荷，是目前比较常见的方式，比起一般的行政管理方式进行错峰、避峰等方式，要更加有效。

一般情况下，响应负荷有总量限制，故有以下的约束条件：

$$0 \leqslant x_i \leqslant X_{\max} \tag{7-1}$$

$$\sum_{i=1}^{M} x_i \leqslant X_{\mathrm{T}} \tag{7-2}$$

式中：$X_{\max}$——每个用户最大的负荷响应值，kW；

X_{T}——总用户负荷响应的最大数值，kW。

这里约束条件公式体现的是负荷容量约束条件，正是为了保障用户用电安全稳定，从而保障该区域电网平稳运行，也反映了用户实际效益。

根据上述系统模型，寻找该区域内所有用户的最大总体效益，总体效益代表着所有用户参与需求响应获得的总体经济效益，总体效益函数为每个用户效益函数的相加，可以得到：

$$f(x)=\sum_{i=1}^{M} f_i(x) \tag{7-3}$$

为便于对算法的一般性讨论，总体效益函数仍满足凹函数的定义，能够有以下优化问题：

$$\begin{aligned} &\max \quad f(x) \\ s.t \quad &0 \leqslant x_i \leqslant X_{\max} \\ &\sum_{i=1}^{M} x_i \leqslant X_{\mathrm{T}} \end{aligned} \tag{7-4}$$

式（7－4）是一个典型的对全局变量进行优化的问题。根据数学定义，目标函数是凹函数，也即优化问题是最大化凹函数，并且给出的约束条件满足凸函数条件，则该优化问题符合最优化理论中关于凸优化的定义，是凸函数优化问题（Convex Optimization），约束条件满足凸函数条件。为了便于数学表达与分析，定义集合 S 代表约束条件，则有以下：

$$\begin{aligned} &\max \quad f(x) \\ &s.t \quad x\in S \end{aligned} \tag{7-5}$$

可见，基于用户效益的需求响应最优化问题的解，可以转变成对效益函数最大化问题的解。目标函数是用户效益的最优化，而约束条件是指符合实际情况中负荷约束条件。由上可见，最大响应负荷的不同，不会改变约束条件的凸函数特性，最优解问题始终是一个凸优化问题。在本文中，为不失一般性，假设每个用户最大响应负荷均相同展开分析，这样的分析过程与结论同样适用于最大需求响应负荷不一样的情况。

7.4 需求响应算法研究与分析

7.4.1 最优化问题的解分析

能效电厂类根据最优化理论分析，一般情况下的凸函数优化，通过拉格朗日方程（Lagrange Equation）如下：

$$L=f(x)-\lambda\left(\sum_{i=1}^{M}x_i-X_{\mathrm{T}}\right)-\sum_{i=1}^{M}\mu_i(x_i-X_{\max})+\sum_{i=1}^{M}\nu_i x_i \tag{7-6}$$

依据凸优化的最优化理论，当满足 Karush－Kuhn－Tucker 条件（KKT condition）时，可以寻找到该优化问题的最优解。获得最优解的 KKT 条件满足：

$$\begin{gathered} \nabla L=0 \\ \lambda\left(\sum_{i=1}^{M}x_i-X_{\mathrm{T}}\right)=0 \\ \mu_i(x_i-X_{\max})=0,\quad i=1,2,\cdots,M \\ \nu_i x_i=0,\quad i=1,2,\cdots,M \\ \lambda\geqslant 0 \\ \nu_i\geqslant 0,\quad \mu_i\geqslant 0,\quad i=1,2,\cdots,M \end{gathered} \tag{7-7}$$

式中：λ、μ、ν——拉格朗日参数（Lagrange Multipliers），为实数值。

满足以上公式集合条件称为满足 KKT 条件的有效解，是 KKT 条件中用于描述最优解条件的参数。最优解的寻找，必须存在这样的拉格朗日参数以及可行解来满足 KKT 条件。根据 KKT 条件获取最优化解在一般情况下都是比较复杂的，且缺乏直观易操作的有效算法进行，计算复杂度较大。当有用户退出需求响应或者新增用户需求响应时，需要再次计算 KKT 条件的解，这也形成了一种集中式的计算方法，对动态变化的场景难以快速调整，计算过程难以实现快速平稳的最佳结果。

7.4.2 分布式自适应算法的建立与分析

在需求响应中，用户总是期望自己的经济效益是最大化的，能够从需求响应中获得的激励最优，计算所有用户的最大化经济效益是激励该区域用户贡献需求响应的手段，也能充分体现响应负荷的价值。也即需要实现总体效益函数的最大化，由于式（7-4）中的最优化问题满足凸优化条件，不失算法的一般性，只要满足该条件的函数表达式，均可在算法中实现计算并满足收敛性。

该优化问题的基础特征是具有凸优化条件，这就为利用梯度算法的一般理论提供了重要的基础，可以根据梯度算法来形成该问题的一个分布式动态自适应算法。该算法的根本目的是能够根据用户需求响应不同负荷值，进行其效益最大化的计算，使得用户在可行的需求响应范围内获得最大化的效益，并且计算过程具有分布式自适应的特点。

约束条件在数学上可以看作一个欧式空间的子集，利用最优化理论，通过投影的办法将初步所得结果进行映射来满足约束条件。优化的步骤可以通过梯度算法进行迭代更新，对于每一个变量，有下式：

$$x_i(n+1) = x_i(n) + \alpha(n)\left[\frac{\partial f(x)}{\partial x_i}\right] \tag{7-8}$$

考虑所有变量，根据约束条件可以得到：

$$x(n+1) = P[x(n) + \alpha(n)\nabla f(x)] \tag{7-9}$$

式中：$\alpha(n)$ ——迭代的步长，为实数值；

$x(n)$ ——第 n 次迭代后的输出，kW；

$P[\cdot]$ ——将输出进行投影计算，以实现满足约束条件，相当于基于欧式空间的一个投影算子。

根据约束条件下的梯度算法理论，投影等同于获得下面优化问题的解：

$$\min_y \quad \frac{1}{2}\| y - x \|^2$$

$$s.t \quad y \in K \tag{7-10}$$

式中：K 就是约束条件的集合，寻找到相关的 y，也就是将 x 做了一个投影。

根据上述分析，提出的算法（算法 A－1）可以综述如下：

Step1：给定效益函数以及具体参数

Step2：初始化 x，迭代计算如下

$$x(n+1) = P[x(n) + \alpha(n)\nabla f(x)] \tag{7-11}$$

每次迭代都需要考虑欧式空间的投影计算。

Step3：不断迭代计算，获得优化解的最后结果。

由上可以看到，算法的 Step3 得出的最后结果要能够收敛，该算法才是具备数学意义的。当给定一定条件的步长时，算法是有效收敛的，接下来具体进行分析。

一般情况下，步长的选择应当满足相关条件（步长条件式）：

$$\alpha(n) \geqslant 0, \quad \sum_{n=1}^{\infty}\alpha^2(n) < \infty, \quad \sum_{n=1}^{\infty}\alpha(n) = \infty \tag{7-12}$$

下面提出并证明一个定理，充分表示该算法的收敛性：

定理 1（算法一般收敛性）：优化目标是一个凸优化函数（最大化凹函数或最小化凸函数），且当步长满足步长条件式时，算法 A－1 可以得出结果：

$$f^* - \max_{i=1,2,\cdots,n} f[x(i)] \leqslant \frac{R^2 + \sum_{i=1}^{n}\alpha^2(i)\|g(i)\|^2}{2\sum_{i=1}^{n}\alpha(i)}$$

其中，定义：

$$g(n) = \nabla f[x(n)] \tag{7-13}$$

并且 f^* 为最优解的值而 x^* 为最优解，而 $\|.\|$ 2 为范式，并定义梯度范式的条件

$$\|g(i)\|^2 \leqslant G^2 \tag{7-14}$$

式中：G^2——常数，大于 0 的实数值。

证明：

先给出：

$$z(n+1) = x(n) + \alpha(n)\nabla f(x) \tag{7-15}$$

式（7－14）说明 $z(n+1)$ 是没有经过投影运算的 $x(n+1)$。

根据欧式空间的投影计算，首先有

$$\| x(n+1)-x^* \|^2 = \| P[z(n+1)]-x^* \|^2 \leqslant \| z(n+1)-x^* \|^2 \tag{7-16}$$

根据范式展开，可以得到

$$\begin{aligned} \| z(n+1)-x^* \|^2 &= \| x(n)+\alpha(n)g(n)-x^* \|^2 \\ &= \| x(n)-x^* \|^2 + 2\alpha(n)g(n)(x(n)-x^*) + \alpha^2(n) \| g(n) \|^2 \\ &\leqslant \| x(n)-x^* \|^2 + 2\alpha(n)(f(x(n))-f^*) + \alpha^2(n) \| g(n) \|^2 \end{aligned} \tag{7-17}$$

其中，最后一步是由凹函数的性质可得，凹函数的特征如下：

$$f(x^*) \leqslant f(x(n)) + \nabla^T f(x(n))(x^*-x(n)) \tag{7-18}$$

利用上式（7－18）推导的不等式，不断的迭代 n，则有以下结果

$$\| z(n+1)-x^* \|^2 \leqslant \| x(1)-x^* \| + 2\sum_{i=1}^{n} \alpha(i)(f(x(i))-f^*) + \sum_{i=1}^{n} \alpha^2(i) \| g(i) \|^2 \tag{7-19}$$

利用范式的性质以及：

$$\| x(1)-x^* \|^2 \leqslant R^2 \tag{7-20}$$

可以有：

$$2\sum_{i=1}^{n} \alpha(i)(f^*-f(x(i))) \leqslant R^2 + \sum_{i=1}^{n} \alpha^2(i) \| g(i) \|^2 \tag{7-21}$$

同时，有以下：

$$\sum_{i=1}^{n} \alpha(i)(f^*-f(x(i))) \geqslant \left[\sum_{i=1}^{n} \alpha(i) \right] \left[f^* - \max_{i=1,2,\cdots,n} f(x(i)) \right] \tag{7-22}$$

最后，可以得到：

$$f^* - \max_{i=1,2,\cdots,n} f(x(i)) \leqslant \frac{R^2 + \sum_{i=1}^{n} \alpha^2(i) \| g(i) \|^2}{2\sum_{i=1}^{n} \alpha(i)} \tag{7-23}$$

证毕。

由上可以看出，当步长满足步长条件式时，由于：

$$\sum_{i=1}^{\infty} \alpha(i) = \infty \tag{7-24}$$

也即当步长不断增大的时候，分母将越来越小，迭代的最后结果会无限接近最优解，也即

$$f^* - \max_{i=1,2,\ldots,n} f(x(i)) = 0\text{，}\quad n = \infty \tag{7-25}$$

由式（7－25），在这种条件下，最后结果经过算法的不断迭代会收敛到最优解，实现了数学理论上的可达，说明了算法的收敛性。在最优化结果中，选择步长也是非常不同的，比如步长为 $1/n$ 就满足式（7－12）的条件，可以让最优化结果在迭代次数为无穷时收敛到最优结果的点上。

在实际应用的过程中，一般来说，很难实现迭代次数 n 为无穷的条件，工程实践上会选取迭代次数非常大的情况作为工程选择的算法结果。在一般情况下，定义工程上最佳的选择为

$$f_{\text{best}}(x) = \max_{i=1,2,\cdots,n} f(x(i)) \tag{7-26}$$

在这种实际应用场景中，为同时满足减少计算复杂度、符合一定应用条件下的计算精度上，使用常数作为步长会大大简化计算步骤。常数作为步长，能够降低计算复杂度，也能够满足一定精度的要求。

引理 1（固定步长的算法收敛性）：

在定理 1 的基础上，当：

$$\alpha(n) = \alpha \tag{7-27}$$

有以下表达式：

$$f^* - \max_{i=1,2,\ldots,n} f(x(i)) \leqslant \frac{R^2 + n\alpha^2 G^2}{2n\alpha^2} \tag{7-28}$$

证明：

从定理 1 中的表达式，将式（7－22）代入即可获得。证毕。

引理 1 说明，当步长为常数值时，迭代得到的解与最优解之间的差距只有

$$f^* - \max_{i=1,2,\cdots,n} f(x(i)) \leqslant \frac{G^2}{2} \tag{7-29}$$

最优结果与迭代值之间的距离保持为一个常数，可以看出，迭代的结果将收敛于与最优解只差一个常数的范围内。

7.4.3 算法优点分析

结合梯度理论对凸优化问题进行分析是一种有效的分布式算法分析手段，通过投影算子与线性计算的数学分析，可以将负荷 KKT 最优化条件的直接计算转化为分布式算法，在每个用户侧自行计算效益。

算法 A－1 具有以下几个优点：

（1）分布式计算：算法计算点计算需求响应效益可以落在每个用户的点上，避免了集中式的复杂计算结构。

（2）计算复杂度降低：传统最优化计算是从直接解 KKT 条件开始，其复杂度较大且操作性不强，本书算法主要采用了线性计算、投影算子的计算模式，简单的线性计算可以在每个用户计算点进行操作，既有利于快速实现，也即更适合需求响应的精益高效要求。

（3）动态化自适应调整：当有用户退出需求响应或者有新用户加入时，也即这个需求响应蓄水池在不断更新变化时，在变化发生时进行自适应调整，可以实现调整过程平稳而不抖动，不仅得出优化解也具备稳定性的优点。

算法 A－1 能够在多种步长的定义下满足不同条件和应用场景的需求，同时，A－1 是一个具有分布式和自适应特点的算法，能够更好地实现对用户效益计算。

7.5 算例与分析

7.5.1 效益函数的应用说明

能效电厂在实际开展负荷响应激励的实践中采用的激励措施，可以提炼出类似凹函数这样的效益函数，并且在实际应用中会更有显著的激励性。一般而言，目前采取的激励措施为经济激励为主，对用户贡献的响应负荷量（如前所述，本书模型中的 x）按单位给予一定的经济奖励。在实际开展中发现，如果采用最简单直观的线性奖励方式，也即总体效益等于单位奖励金乘以响应负荷量，可是仅靠调节单位奖励金的方式并不能最好的激发用户：如果单位奖励金过小，由于是线性增加，用户很可能不会做任何贡献，因为用户可以利用响应负荷做别的事情来获取受益；如果单位奖励金过大，由于是线性增加，用户会追求最大化效益，也即把所有能用来响应的负荷都贡献出来，这对经济奖励的压力会很大。

经济激励的单位标准是全局性的，在特定环境与应用下，也可针对不同类型的用户（商业、普通工业、大工业）有所不同，因为不同用电类别的用户贡献能力是有差异的。

7.5.2 效益函数算例说明

在开展的需求响应中，曾使用线性激励方式，给予用户需求响应每千瓦 10 元的经济奖励，也即每兆瓦 10 000 元。建立的用户负荷响应蓄水池有 10MW，可以看到用户贡献负荷响应得到的奖励从 1 万元到 10 万元线性增加。

经过实际应用后发现，如果给予的单位奖励不高，比如给予每千瓦 1 元奖励，则很难调动用户的积极性，由于是线性方式，用户几乎不会做贡献；如果给予过高，比如给予每千瓦 100 元奖励，用户的意愿有了，但是线性方式会使得用户尽其所能把所有能贡献的都拿出来，甚至停下某些生产生活负荷来做贡献，会对奖励资金造成很大的压力，同时不利于正确的引导。如果采用负荷上限封顶的做法，则用户都会选择最大值。

经济学上使用的效益函数会是很好的选择。一方面，对数函数的凹函数特性能够调动用户初始贡献意愿，由于效益函数一阶导数大于 0 而二阶导数小于 0，会使得用户一开始贡献响应负荷的意愿较强；另一方面，随着边际效益递减，也即再增多贡献响应负荷而每单位响应负荷的效益增加量却在逐渐下降，则使得用户会谨慎选择增加响应负荷的贡献。通过实现单位激励标准的非线性，让用户在初始状态愿意贡献需求响应符合换取激励收益，但是随着边际效益递减，使得用户持续增加需求响应符合的意愿逐渐降低。对数函数的应用，既能很快形成需求响应的负荷蓄水池，也不至于对总奖励金额造成太大的压力，避免经济激励不可持续。在应用中，对数函数是应用较多的一类，当然也确有其他类型的凹函数作为效益函数在不同场景下的应用。

通过改变激励的具体方式，利用对数函数进行，设置获得奖励总额为

$$y = \log(1 + bx) \tag{7-30}$$

式中：x ——负荷响应值，kW；

b ——用来调节的参数，实数值，此处取 13。

为与上面的线性激励对比，依然将 x 的取值从 1MW 到 9.5MW，可以得到相应的激励获得值。

从表 7－1 可以看出，当贡献负荷比较少时，获得的奖励比线性的要多，因此用户的意愿比较强烈，但是随着贡献的负荷越来越多时，获得奖励增加的速

度不断下降，也即边际效益递减。上述算例中，当响应负荷超过 4.5MW 时，线性奖励的总额比对数函数奖励的总额大。通过调节 b 的数值，可以得出不同应用条件下的对数函数。

表 7－1　对数函数激励条件下的激励获得值

响应负荷（MW）	1	1.5	2	2.5	3	3.5
奖励金额（万元）	2.772 6	3.157 0	3.434 0	3.650 7	3.828 6	3.979 7
响应负荷（MW）	4	4.5	5	5.5	6	6.5
奖励金额（万元）	4.110 9	4.226 8	4.330 7	4.424 8	4.510 9	4.590 1
响应负荷（MW）	7	7.5	8	8.5	9	9.5
奖励金额（万元）	4.663 4	4.731 8	4.795 8	4.855 9	4.912 7	4.966 3

对数函数作为效益函数的一种，在实际使用中，能够更好地调动用户贡献响应负荷的意愿，同时通过奖励方式的引导，减轻了总体奖励金额的压力，并且没有增加上限封顶的要求。

在经济学效益函数应用领域，该类非线性的凹函数应用的例子也很多，对数函数可作为一般选取的例子，能够从效益角度描述函数的变化情况：

因此有：

$$f(x)=\sum_{i=1}^{\mathrm{M}}\log(1+ax_i) \tag{7－31}$$

式中：a——一个调节系数，实数值。

a 反映电力负荷对用户经济效益的体现。可以看出，选取的函数满足一般经济效益函数的条件，是一个凹函数，也即满足一阶导数大于零，二阶导数小于零的数学特征。式（7－31）具体表示了 M 个用户的总体效益，当第 i 个客户贡献响应负荷 x_i 时，获取的经济奖励按照对数函数来计算，而不是直接乘以单位奖励金。对于单一用户，这样产生的效益曲线使得实际上每单位的负荷所对应的单位奖励金是不一样的。

7.6　改进目标与发展方向

在建设智慧电网的大背景下，提高电力用户端（即企业端的用电单元）用电的智慧程度，建设电力用户端能效电厂并推动能效电厂的负荷特性优化。相对于“在时间尺度上优化电力用户端负荷特性的移峰填谷、调峰类项目”而言，推动电力用户内部多个能效电厂类项目间的实时负荷特性曲线的平滑匹配与互补，实现电力用户内部空间尺度用电负荷特性的优化与平衡。

8 基于激励收益分析的电力需求侧响应机制研究

8.1 概　　述

电力伴随着电力市场的需求不断加深，尤其是互联网技术与应用的不断普及，电能的供给与需求变化也会更快，影响也会更深，同时，电网建设的区域局部性特点以及电网稳定安全运行也对需求侧管理提出了更深刻的要求。负荷高峰期电力供应与需求的平衡一个重要的关键点，在于既能够满足用户的需求，也兼顾电力安全平稳的进行供给。电网建设与运行的区域局部结构性因素，加上计划检修、结构性供电受限等多种因素，在我国经济发达地区，负荷高峰期会存在区域性电力供不应求的情况。供不应求也就形成了区域性的错峰用电，在电网负荷高峰期如何调动客户的积极性来参与错峰用电，建立科学可行并能够长久有效的机制，从而既能客观反映客户的需求价值也能体现对电网安全稳定运行的保障，是一个十分重要的课题。

电力需求响应是在负荷高峰期对电力价值一个集中而深度的体现。目前，大部分需求侧管理的做法是鼓励客户自觉错峰。传统的需求响应机制一般会简单化的要求客户自觉进行避峰，与客户签订自觉错峰协议。从电力价值上看，仅仅是相当于简单的削平特定时期的电力需求以保证供需平衡，继而确保电网自身的安全稳定。如图 8－1 所示，客户需求在错峰时被削平，客户需求的实际价值并没有完全体现。

为了更好地体现客户需求本身在电力市场上的价值，需求响应需要纳入激励机制，由激励机制不仅提升客户自觉避峰的积极性，也从根本上反映了客户需求的实际价值，既能够实现避峰而带来的电网安全稳定，也从经济学上体现了电力市场需求的价值。如图 8－2 所示，经济激励机制，正是体现客户实际需求在错峰条件下的价值，反映客户乃至全社会经济发展对电能需求的价值，也正体现了错峰用电的积极意义。

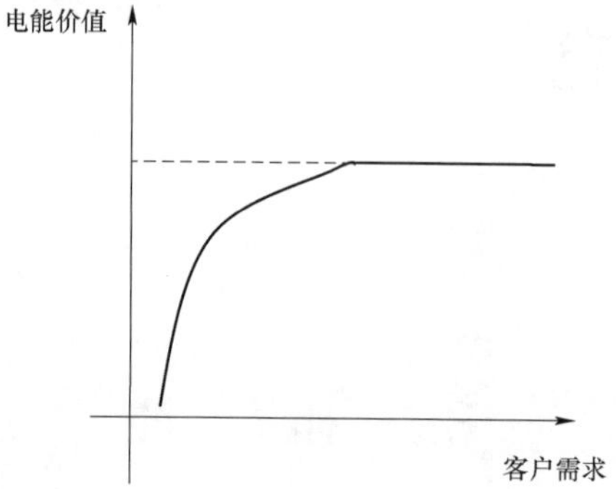

图 8-1　传统需求响应下的电能价值曲线

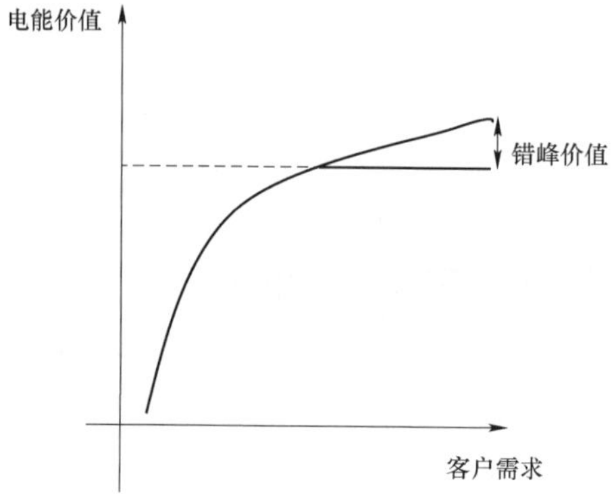

图 8-2　错峰激励机制下的电能价值曲线

8.2　电力需求侧响应激励机制模型

需求响应激励机制在负荷高峰期能够更好地进行错峰用电，提升客户的积极性，同时降低企业用电成本，从市场运行角度更好地实现电力供应与需求的平衡，反映电能的价值。

为了调动客户的主观积极性，在机制设置上需要进行一些激励引导，本书讨论的激励机制主要采取经济手段。目前我国从中央到地方都在推动经济激励等手段提升客户错峰的积极性。2012 年，国家发改委和财政部正式批复国内首批电力需求侧管理综合试点的城市，给予综合配套的激励政策支持。

本书建立的需求响应激励机制主要包括以下几个方面：

（1）建立响应资源池：通过负荷集成服务商或工业企业客户自愿参与的方式，整合能够支撑响应的资源清单，进入资源池的客户需要申报一定量的负荷，按申报量履行在高峰期进行错峰的义务。既具有区域一般性，能够保证电网各区域都有响应的支撑点，又有一定规模性，避免资源不足导致的响应不足。资源池的建立，也能够在高峰期掌握客户用电的实际需求与区域性的错峰价值。

（2）建立补贴激励机制：通过经济手段进行补贴，直接而客观地反映了客户的错峰价值。每个客户的补贴金额按照错峰情况统筹计算，申报的客户在补贴周期结束时无论是否存在实际避峰，均可按申报量领取补贴，存在实际避峰的客户会拿到更多。既调动了客户申报的规模性，也激励了客户实际避峰响应的积极性。

不同于简单的需求响应，本文的激励机制通过扩大参与资源池的客户面，提升客户积极性来更好地推动响应的及时性与成功率。总的机制流程如图 8－3 所示。

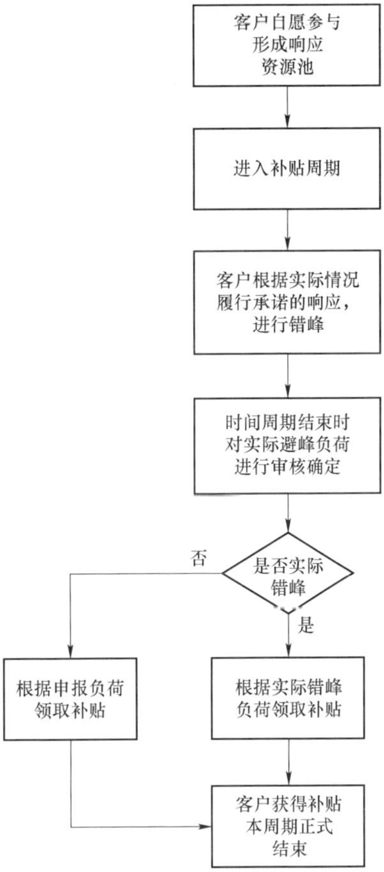

图 8－3　电力需求响应激励机制

该机制突出的优点是：

（1）响应资源池的建立是常规性的，允许客户在一定周期和条件下加入或退出，在每个主要错峰周期前能够形成必要而有效的资源池。客户加入存在区域性分布的特点，这样既实现了对全区域电源性供电紧张而错峰的整体能力，也具备了对重点区域结构性错峰有效应对的条件。

（2）经济补贴则具有财政的周期性。补贴的发放是在每个周期结束时进行的。本机制的一个关键点就是在周期结束时审核确定实际避峰负荷量，再确定本周期的补贴比例，也即对仅申报但未实际避峰和实际避峰的负荷补贴各有多少。下文的分析中将会看到，先审核再定额的做法将会有效的体现出普惠性与公平性相结合的特点。

8.3 电力需求侧响应激励机制的补贴收益分析

8.3.1 每千瓦补贴收益分配分析

一般情况下，参与实际错峰的客户所付出的要比仅申报但未实际错峰的要高，为了更好地对错峰客户进行激励，补贴的额度要进行优化已区分开实际错峰和未实际错峰的情况。

参与激励机制的客户会进行需求响应的申报，假设总的申报量是 M 万千瓦，那么在实际错峰当中，由于区域性电网结构原因等客观因素，仅有 N 万千瓦参与了错峰。为了体现公平性和一般性，每个客户仅参加一次，也即 N 万千瓦不存在重复错峰的情况。我们假设经济补贴的总额为 X 万元，对申报但是没有实际错峰的补贴比例为 a，也即对实际避峰的补贴比例为 $1-a$。在补贴周期结束的时候，我们已经充分掌握了 N，所以可以得到申报但是没有实际错峰的比例为 b，可以得出

$$b=\frac{M-N}{N} \tag{8-1}$$

$$Y_1=\frac{Xa}{Mb} \tag{8-2}$$

$$Y_2=\frac{X(1-a)}{M(1-b)} \tag{8-3}$$

式中：Y_1——申报但没实际错峰的每千瓦补贴（单位：元/千瓦）；

Y_2——参与实际错峰的每千瓦补贴（单位：元/千瓦）。

在补贴周期结束时，M、N、b 均已确定，Y_1 与 Y_2 中仅存的变量就是 a，此时对 a 的选取就会影响最终补贴的情况。有：

$$\frac{Y_2}{Y_1}=\frac{b(1-a)}{a(1-b)} \tag{8-4}$$

可以看出：

（1）当 $a=b$ 时，也即仅申报占总的比例如果与相应补贴的比例一致时，$Y_1=Y_2$，两者的补贴相等，数学上实现了等量对应的原则，每千瓦没有加以区

分，是一种简单线性补贴方法。

（2）如果 $a>b$，那么 $1-a<1-b$，则有 $Y_1>Y_2$，如果 $a<b$，那么 $1-a>1-b$，则有 $Y_1<Y_2$。数学上看，补贴比例 a 在 b 的左侧还是右侧直接影响了补贴效果。补贴比例大小的选择，以申报量比例为基准标杆进行左右调整，偏移量越大，数学上实现的非等量对应就越明显，非线性的表现也越明显。

（3）在一般补贴激励中，为了更好地提升对实际错峰用户的激励，鼓励更多的用户不仅仅是参与，而是真正加入到行动当中，应当设置 $a<b$ 较为合理。

利用仿真结果进行进一步分析，如图 8－4 所示，仿真使用 $M=30$，$N=9$，$X=3000$，也即 $b=0.7$，可见当 $a=0.7$ 时，对申报未错峰和实际错峰的补贴数额是一样的。当 $a>b$ 或 $a<b$ 时，仿真结果与我们的分析是一致的。同时，从图中可以看出，补贴比例的变化对于补贴收益也是一个线性变化，收益不会因为比例的变化而快速抖动，也说明激励机制能够有一定的普惠性，并且实施的操作性更加科学。

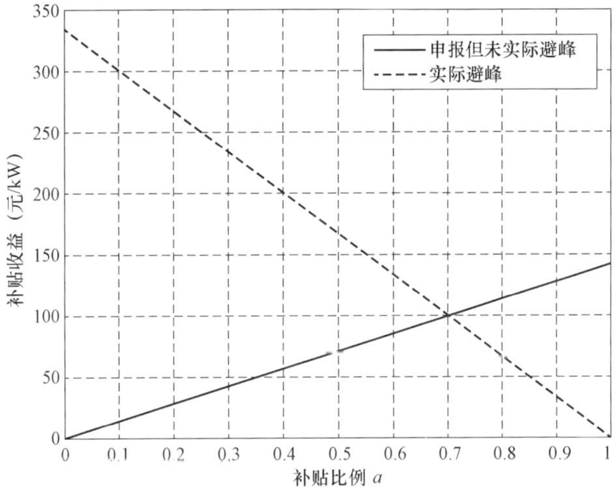

图 8－4　每千瓦补贴收益分配分析

8.3.2 每千瓦补贴收益对比分析

作为对于实际错峰与申报错峰的收益比，一般情况下希望能够拉开合理的差距，同时也应该看到，为体现资源池设立的一般性和经济普惠性，不应将 a 设置为远小于 b，那样一来，申报量获得的补贴较少。如果要求 Y_2 是 Y_1 的 C

倍，数学上，可以得出，此时 a 应满足如下条件

$$a=\frac{b}{b+C-Cb} \tag{8-5}$$

可见，a 与 b 之间是一个非线性的关系。特别的，如果希望 $C\geqslant 2$，也即实际避峰不低于仅申报的 2 倍收益，那么数学上我们可以有

$$a\leqslant\frac{b}{2-b} \tag{8-6}$$

我们利用仿真进一步分析，如图 8-5 所示，仿真使用 $M=30$，$N=9$，$X=3000$，也即 $b=0.7$，可以看出补贴的比例值是一个双曲线，不是一个线性变化的过程，根据 a 的选值不同，所获得比例不一样。当 $a=0.5$ 时，比例值等于 2，仿真结果和我们的分析结果是一致的；当 a 越小时，补贴对比变化越大，实际错峰获得的收益对比仅申报的就越明显，这个过程是一个非线性的快速变化过程。

由此可见，补贴比例选取十分重要，补贴比例所体现的补贴效果也收到实际错峰与总申报量比例的影响。可以看出，当 b 确定后，也即在补贴周期结束时再确定补贴比例，能够既合理有效的对实际错峰的客户给予激励，也实现对申报客户的普惠性奖励，达到建立资源池和激励实际错峰这两个需求侧响应机制关键效果。

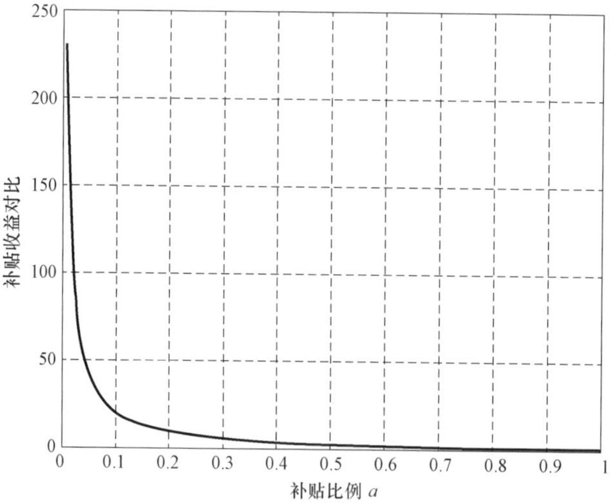

图 8-5　每千瓦补贴收益对比分析

8.4 未来改进方向

智能电网和电力交易市场的出现和发展，使得电能供给与电能需求能够更紧密的联系，也对需求侧管理提出了更高的要求，要更好地反映出客户实际需求所体现的电能价值。针对需求侧管理中负荷高峰期需求响应机制，采用了经济激励手段，突出激励机制对调动客户自觉性的有效性，阐述了响应激励机制的流程与办法，分析了激励机制中补贴收益实现的关键点。对于客户仅申报避峰容量与客户实际避峰这两种不同情况，进行了每千瓦补贴的分配以及两种情况配比的分析，证明了补贴收益比例的选取对实现经济激励普惠性与公平性的决定因素，给出了在一般情况下收益比选取的公式，说明了收益比例选取对经济激励重要性。

9　多系统数据采集、融合、清洗与应用

9.1　概　　述

电力需求侧管理的核心是数据的获取与数据的应用。对于一个城市级别需要一定规模客户参加的试点，如何以最低成本快速部署参与客户用于计量电能与负荷的数据采集系统始终是一个挑战。解决这一挑战的核心方案是充分利用现有电网公司及企业端已有的各类数据采集系统，实现系统的相互融合，数据的相互验证与对照，确保试点结果的可验证。

最大限度地利用已有的信息系统建设投资，减少重复建设，避免封闭式的单系统大而全，大而弱的情况，在保证需求响应平台独立性的前提下，保持与其他相关系统的良好数据交互，通过定义与已建系统的数据接口，实现多种异构数据库的集成，充分利用现有的成熟系统，保护用户以往的投资。因此需求响应平台从营配一体化系统、电力需求侧管理平台，计量自动化系统、PI 准实时数据平台、SCADA 系统接入负荷自动需求响应平台所需基础数据。

实施需求响应需要准确采集、获取企业的响应实时负荷，但是采用企业关口数据存在以下问题：

（1）无法及时准确获取，负荷数据的获取存在 1h 左右的延时。无法实时展现参与需求响应企业的实时负荷削减情况。

（2）因为全省计量数据的采用集中采集与管理方式，需与省级计量自动化系统做接口，实现数据的同步与共享。

（3）无法提供企业参与需求响应部分的分项计量的负荷。

（4）数据采集密度最高为 15min 一次，无法提供更高的数据采集频度。

为了解决这些问题，采取电能服务商组建数据采集平台，电能服务商确定企业负荷采集点，采集装置的安装、调试，并将数据上传到需求响应平台。

9.2 电力需求响应试点的各类数据系统与采集

9.2.1 电网关口数据同步方案

电力需求响应平台需要从供电局各个已有系统获取数据，从营配数据中心获取客户信息、馈线信息、线变关系、变压器信息、线所关系、变电站信息、站线关系、区域、客户表计，从电能量数据平台获取专变低压日电量、专变低压月电量、行业分类，从PI实时数据库获取实时负荷、功率因数，从EMS系统获取区域日电量、区域实时负荷、行业分类、功率因数。同步方案见图9－1。

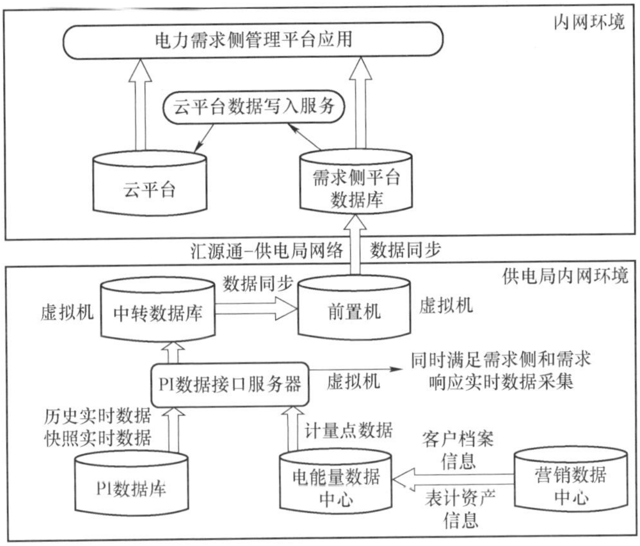

图9－1 电网关口数据同步方案图

9.2.2 企业分项计量采集系统

为了准确、及时获取企业参与需求响应的负荷及负荷削减量，项目平台采用《电力需求侧管理平台主站与信息集中与交互终端通信协议》，按照5或15min的采集频率采集参与需求响应企业的电力数据包括三相电流、三相电压、三相有功功率、总有功功率、三相无功功率、总无功功率、正反向有功总电能及正反向无功总电能等电气参数，这些数据将用来进行基线负荷的计算及负荷削减量的确认。为计算实施自动需求响应的结果提供数据支撑。

9.2.3 电能服务商数据接入电力需求侧管理平台

电能服务商将采集到的企业数据接入电力需求侧管理平台，建有需求响应平台的企业将参与响应的电气参数采用 TCP 的方式按照协议上送到电力需求侧管理平台。电力需求响应的响应事件和响应监控数据由电能服务商平台或者企业需求响应平台与电力需求侧管理平台采用 Webservice 的方式进行交互，如图 9－2 所示。

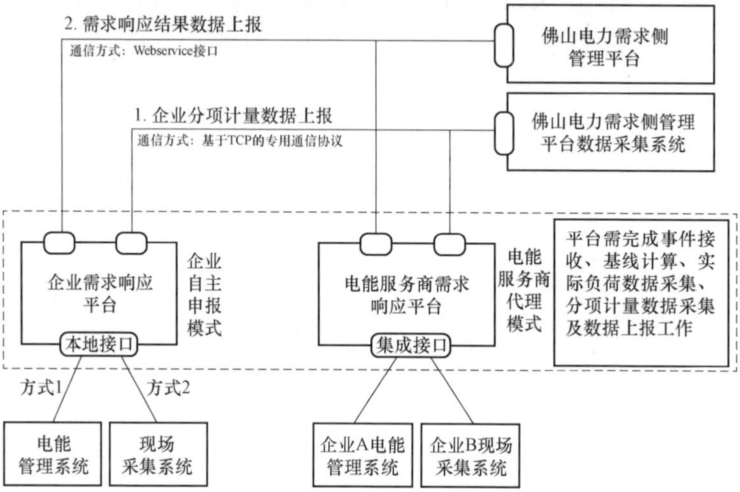

图 9－2　电能服务商和需求侧管理平台数据交互

9.3 多系统数据的融合与清洗方法

电力需求响应平台需要根据企业的过去一段时间以来的实际用电负荷情况进行负荷基线计算，负荷削减量计算，对数据的准确、完整、实时性的质量要求都很高。平台承建方需要对多系统数据进行融合、清洗。

9.3.1 企业关口电表档案梳理

针对每家参与需求响应企业的参与需求响应的关口电表档案进行梳理，并完成数据的同步。在需求响应试点前期，由于企业用电档案较多，有些与需求响应无关，且其数据存在异常，严重影响需求响应结果的核算，经过梳理和核实后，数据的质量问题有明显改善。

9.3.2 企业关口数据质量核查

针对每家签约企业每块关口电表数据质量进行检查，梳理出完全正常、部分正常、完全不正常的关口数据的企业清单。此项工作对于后续需求响应客户参与响应的方式的研究有较大的意义。针对数据同步存在不稳定的情况，对数据同步系统中的各环节进行测试和优化，保证系统资源与实际同步数据规模的一致性。在试点前期，每次需求响应时，都必须到现场进行人工的处理，该项工作完成后，从第 4 次需求响应开始，基本不需现场人工处理，稳定性大大加强。

9.3.3 数据清洗方法研究

电力负荷时间序列数据采集过程中常常因为电表采集器故障或数据传输问题而导致数据缺失的情况时有发生，造成每天 96 个负荷电数据不全或几天数据缺失。目前采用的缺失数据的填补方法有：删除法、加权调整法、填补法。删除法与加权调整法都比较简单易行，但代价是这两种方法给出的填补值信息量较少，偏离真值。填补法是对各种填补措施的概括，常见的填补法有替代法和建模估计法、回归填补法。热平台填补法和冷平台填补法以及多重填充法。

研究得比较多的多重填充法有以下几种：PMM（Predictive Mean Matching，PMM）、趋势得分法（Propensity Score，PS）、马尔科夫链蒙特卡洛法（Markov Chain Monte Carlo，MCMC）。

目前应用与时间序列的新插值方法主要有：抛物线法、牛顿法、分段法等。而本书的研究主要基于 R 软件平台，目前在 R 中已经实现的缺失值插补方法的相关包有数据清洗大量采集存储准实时用电数据有效利用的关键步骤之一。

有效的数据清洗方法有助于提高数据质量和数据利用率。在研究数据清洗方法时，企业负荷或某分项计量的负荷数据被等效成各状态量的时间序列。采用一种基于时间序列分析的双循环迭代检验法将时间序列中的异常数据进行分类，并将缺失值归纳为其中一类异常值。

在实际应用中，采用了大数据分析语言 R 语言进行数据清洗，选取 mice 包和 longitudinalData 包对数据进行插补分析，由于负荷时间序列数据不同于一般的其他数据，它具有时序不可逆的特点，并且工厂的用电情况虽然会在一定的时间里保持相关周期规律，但是它常常包含难以捕捉的随机变动。因此常规的缺失数据插补方法很难取得预期的效果，面对 mice 包和 longitudinalData 包中的诸多插补模型，采用多组数据对不同的模型进行检测，依次测得各自的相对误差值。考虑到误差的分布情况，若误差的均值越小，并且分布越集中，那么对应的模型插补的结果更加符合事实。在 mice 包和 longitudinalData 包中，有很多的插补模型可供选择，通过初步的测试和筛选，最终共选出 6 个备选模型，两个软件包中，分别选出的候选模型见表 9-1。

表 9-1　数据清洗模型

软件包	备选模型
mice 包	"pmm""norm""rf"
longitudinalData 包	"crossMean""linearInterpol.bisector""copyMean.bisector"

基于此，接下来设计了挑选合适模型的数值实验，准备了两组陶瓷和铝合金类型的企业负荷数据，通过多组实时负荷数据的验证，最终选出 mice 包中的 rf（随机森林）模型作为缺失值插补模型，为后续分析提供了支持，从实验中得出，随着缺失数据量的增加，mice 算法中的随机森林插补模型产生的误差及其稳定性和其他模型相比都有较好的表现，综合之，可以初步判定用该模型来处理我们的数据是合适的。

9.3.4 数据清洗实践

保证了数据的客观真实性，在铝合金和陶瓷两类企业中，通过选取其中一部分企业连续 30 天的无缺失数据，然后随机将其中一定比率的数据置为缺失值，通过以上给出的模型分别进行插补，得到的插补结果同实际数据求相对误差，根据误差的分布情况决定模型的优劣。对两类企业分别选出其中一家陶瓷企业的数据实验结果进行展示，图中各点分别对应缺失比率为 0.5%，5%，7%，10%，20%，30%的 6 种情况下模型的插补效果，从这一折线图中可以看到小鼠算法（mice）中的随机森林模型（rf）总体优于其他方法，说明从实验结果的比较分析中得到的结论在一定程度上是合理的。

图 9-3 中折线分别对应不同的插补模型对 30 天数据集插补结果的平均相对误差在不同数据缺失比率下的展示，每条折线代表一个模型，左边图为某铝合金企业，右图为某陶瓷企业。结果表明，mice 包中的随机森林算法的插补结

果优于其他模型。

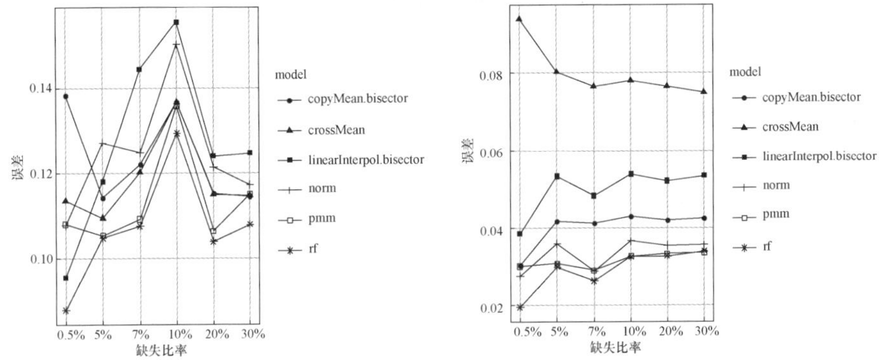

图 9－3 陶瓷、铝合金企业数据集插补结果平均相对误差

通过选取其中某一陶瓷企业的 30 天无缺失数据，也就是说总数据点有 $30 \times 96 = 2880$ 个，随机将其中 960 个点置为缺失，通过以上实验得出的结论，使用小鼠算法的随机森林多重插值对数据进行插补，得出的插补结果同原始数据进行比较，选出其中 9 天的结果展示如图 9－4 所示，可以看到，总体上的插补效果较好，插补得出的数据基本能够吻合实际情况。

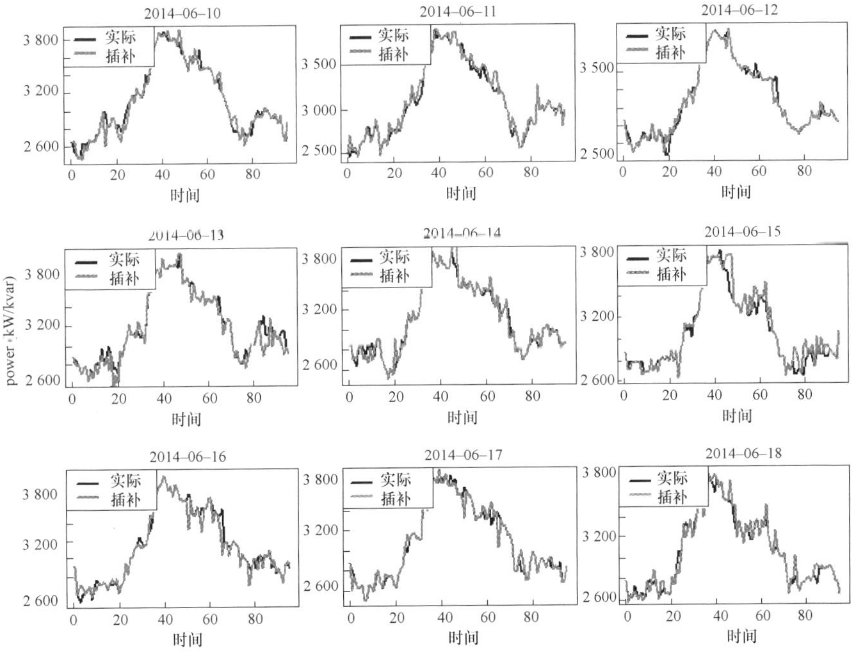

图 9－4 使用 mice 算法的随机森林模型插补结果与实际值对比

9.4 关键问题的研究与解决方案

9.4.1 客户数据存储安全

安全是很多用电客户关心的第一个问题。阿里巴巴基于 10 年积累的攻防技术研发了云盾，提供基于云端的 DDOS 防护，主机入侵防护，安全体检，数据库防火墙等一整套云安全服务。此外，阿里云对涉密数据采取“大使馆”模式隔离；针对一些企业担心的数据私密性问题，阿里云制定了严格的内部审计制度和数据加密措施，并将采取操作日志透明化等措施以加强安全保障。阿里巴巴集团首席技术官王坚曾经比喻过，“事实上，云计算比原来的方法更安全，就好像把钱放在银行事实上会比放在枕头底下更安全一样，需要克服的是心理障碍。”阿里云已进入国家工信部“可信云认证”名单。这是国内权威机构首次开展云计算领域的资质认证。

9.4.2 客户数据采集传输安全

数据采集平台部署在阿里云，网络采用公共网络，如何保证公网数据的传输安全关系到企业是否愿意参与到需求响应中来的关键。数据采集平台采用了严格的身份认证的加解密算法来确保是合法的集中器连接到平台。防止非法的集中器假冒合法的集中器上送数据来篡改合法集中器的数据。平台为每个参与需求响应的企业分配一对密钥文件，主站本身拥有自己的一对密钥文件，主站和集中器采用这两对密钥文件采用 RSA 加解密算法来进行身份验证。平台采用的 RSA 加解密是应用得最广泛的公钥算法，从提出到现今的三十多年里，经历了各种攻击的考验，逐渐为人们接受，普遍认为是目前最优秀的公钥方案之一。

9.5 实施效果与改进

实施效果如下：

（1）试点效果显著，企业配合度高：开展的需求响应试点效果非常显著，一方面表现在企业参与的积极性和配合度高比较高，到目前为止，总共进行了 8 次需求响应事件，许多企业完成协议约定的 4 次响应事件后，仍然继续配合参与。

（2）系统的准备和响应业务的流转比较充分和顺畅，平台完成改造后，每次需求响应事件都是通过平台进行各方调度和协调，保证了响应业务的顺利流转。

（3）多种数据来源和多种基线算法的尝试和验证，通过测试事件尝试了采用企业自主采集的数据和供电局关口数据结合的方式进行需求响应，在基线算法上，也对国家发改委推荐的算法及改造的算法进行了测试和验证，并获得了第一手的测试资料。

（4）进一步验证企业用电的时间特性，部分企业的削减量只在某些时间段内具备相应削减能力，为进一步对用户的负荷特性进行分类和细化管理提供支撑。

（5）形成一套针对企业需求响应异常结果分析和模式，经过试运行和分析，对于某些企业的异常结果，存在多种原因，一是由于企业用电量减少，本身无法达到削减要求，二是有部分企业参与响应事件，实际过程中未执行，三是部分企业执行不到位，无法达标，四是仍有部分关口数据有问题的企业参与响应，以致结果不准确，后续将在试点的机制和平台功能方面将进行完善。

10 工业企业电力需求响应基线方法研究

10.1 概　　述

电力需求响应通过补贴和政策等激励方式，让用户自愿自觉地在用电高峰时期临时减少电力负荷，进而确保电力运行安全、减少对用户正常生产、工作的影响。如何确定用户用电负荷基准线是直接关系到电力负荷削减量的测量和验证，是电网公司与用户之间利益平衡的基础。

基线对于需求响应十分关键，它是确定客户响应量的基础。基线本质上是根据天气、企业生产情况、历史负荷数据短期预测得到的未来负荷变化特性。需求响应通过补贴和政策等激励方式，让用户自愿自觉地在用电高峰时期临时减少电力负荷，进而确保电力运行安全、减少对用户正常生产、工作的影响。需求响应试点以工业为主，工业企业用电负荷受订单影响较大，企业的用电负荷曲线不像楼宇、居民用户那么规律性强。国际上电力需求响应的基线模型大都以建筑与居民用电为主，关于工业企业需求响应基线的方式在文献中及与国外专家的交流中很少涉及。工业企业电力需求响应基线方法的确定是需求响应试点的重要内容之一，挑战较大，需要对各类企业用电深入了解并采用大数据的方法进行分析。

10.2 试点工业企业负荷特性分析

企业种类繁多，用电模式各不相同，对于不同负荷特性的企业就需要使用不同的基线算法。例如陶瓷行业、铝合金行业、纺织行业等，由于在正常情况下生产是有规律的，因此其负荷特性也有一定的规律。对于一个企业来说，评判基线算法好坏的标准是在没有任何特殊事件（如生产安排急剧变化、设备检修、需求响应、有序用电等）发生的前提下，基线与实际负荷曲线越接近越好。

图 10－1 和图 10－2 所示两个陶瓷企业在低谷时段用电较多，尽量在平、谷时段多用电，避开高峰时段。这样的负荷特性主要受峰谷平电价影响。

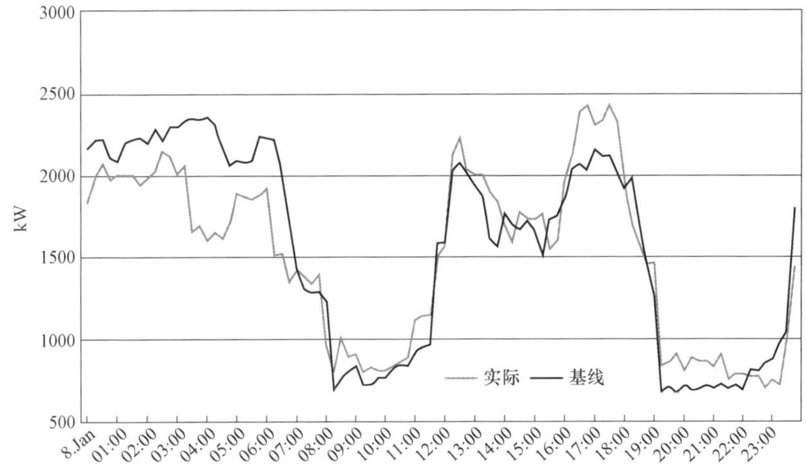

图 10－1　某陶瓷企业 2016 年 1 月 8 日的负荷曲线与预测基线

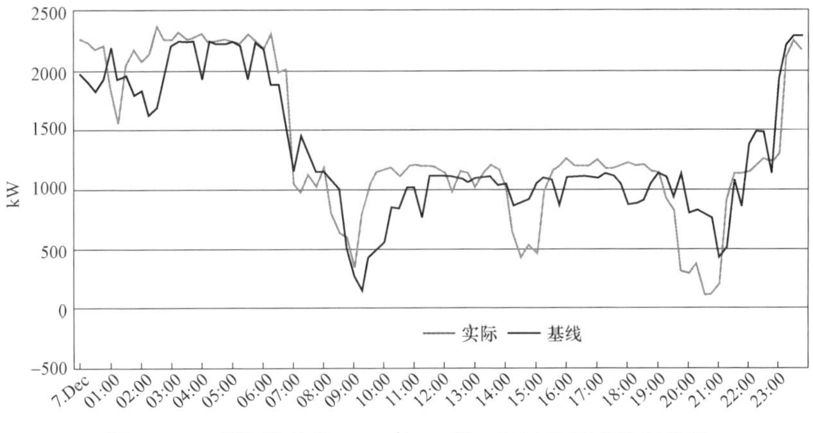

图 10－2　某陶瓷企业 2015 年 12 月 7 日的负荷曲线与基线

10.3　传统推荐基线方法及其应用情况

电力需求响应试点负荷基线算法以传统推荐的算法为基础。推荐的基线方法为 10/5/2 方法，即：从需求响应日开始前的 12 个工作日中，剔除最近的 2 个工作日，在剩下的 10 个工作日中选取日最高用电负荷最大的 5 个工作日的平均值作为基准。日最高用电负荷最大的工作日的选择以 24h 内的最高负荷为判别指标。由于有些需求响应参与企业最高用电负荷发生的夜晚，而不是城市负荷高峰时段（例如上午、下午及晚高峰），结果是在没有进行需求响应事件的情况下，基线与实际负荷曲线出现较大的差距。鉴于需求响应时段一定是在用电高峰时段进行，那么原则上只需关注高峰时段的用电数据。但存在不少客户，由于峰谷平电价差异或者生产线需求，他们的日用电高峰会在夜里或者其他非高峰时段出现。这就意味着，算法有可能会根据不重要时段的数据来决定典型日，这显然并不合理。经过项目组分析研究，将最高负荷定义为上、下午高峰时段内的最高负荷，在一定程度上减少了晚高峰企业的基线误差。即便如此，基线方法在许多情况下仍然出现一定的误差，项目组决定在需求响应曲线图中加入前一天的负荷曲线，以便作为响应结果判断分析的参考。

此外，如果根据日最高用电负荷来选取典型日，会有太多的偶然因素导致某个瞬时点负荷值剧增，如电表故障、设备短路等，这些小概率事件不可能在某日频繁出现。而用户用电是一个持续性的过程，不应该只是由某一个负荷值决定全天的用电走势。

图 10－3 给出了某陶瓷企业 2015 年 7 月 21 日负荷基线的情况，图中有 4 组曲线，today 是当天的负荷，yesterday 是昨天的负荷，baseline1 为基线方法，baseline2 为时间序列＋神经网络基线方法。

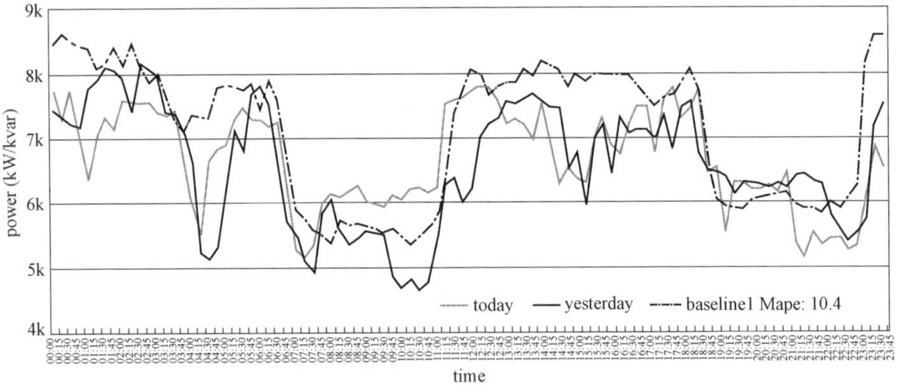

图 10－3　某陶瓷企业 2015 年 7 月 21 日负荷基线分析

根据实际试运行结果，在试点过程中，尝试用不同的基线算法进行测试，一种是基于事件当天前 12 天历史数据进行基线计算。另一种是基于事件当天前 5 天历史数据进行计算。

10.4 试点工业企业需求响应基线方法的进一步研究探索

10.4.1 时间序列 + 神经网络负荷基线方法与聚类分析理论

时间序列预测主要是以连续性原理作为依据的。连续性原理是指客观事物的发展具有合乎规律的连续性，事物发展是按照它本身固有的规律进行的。在一定条件下，只要规律赖以发生作用的条件不产生质的变化，则事物的基本发展趋势在未来就还会延续下去。时间序列预测就是利用统计技术与方法，从预测指标的时间序列中找出演变模式，建立数学模型，对预测指标的未来发展趋势做出定量估计。对于公司和企业的用电负荷数据，由于其在时间季节上的依存关系，以及存在随机波动的干扰，采用 ARIMA 方法对其进行建模。

ARIMA 全称为自回归积分滑动平均模型（Autoregressive Integrated Moving Average Model，简记 ARIMA），是由博克思（Box）和詹金斯（Jenkins）于二十世纪七十年代初提出一个著名的时间序列预测方法，所以又称为 box－jenkins 模型，或者博克思—詹金斯法。其中 ARIMA（p，d，q）称为差分自回归移动平均模型，AR 是自回归，p 为自回归项；MA 为移动平均，q 为移动平均项数，d 为时间序列成为平稳时所做的差分次数。所谓 ARIMA 模型，是指将非平稳时间序列转化为平稳时间序列，然后将因变量仅对它的滞后值以及随机误差项的现值和滞后值进行回归所建立的模型。ARIMA 模型根据原序列是否平稳以及回归中所含部分的不同，包括移动平均过程（MA）、自回归过程（AR）、自回归移动平均过程（ARMA）以及 ARIMA 过程。

以时间序列的自相关分析为基础。ARIMA 模型在电能负荷预测过程中既考虑了电能负荷在时间序列上的依存性，又考虑了随机波动的干扰性，对于电能负荷的短期趋势的预测准确率较高。ARIMA 模型建模的基本条件是要求待预测的数列满足平稳的条件，即个体值要围绕序列均值上下波动，不能有明显的上升或下降趋势，如果出现上升或下降趋势，需要对原始序列进行差分平稳化处理，但是为了简化模型训练，使用 ARIMA 模型检测出非平稳负荷序列，使用另外的方法进行分析，为此，引入神经网络。

人工神经网络（Artificial Neural Networks，ANN）系统是二十世纪四十年代后出现的。它是由众多的神经元可调的连接权值连接而成，具有大规模并行处理、分布式信息存储、良好的自组织自学习能力等特点。

具体操作方面采用混合算法。一般情况下，如果只是单纯地从连续的时间纵向上对时间序列数据进行建模的话，得出的模型只能够准确预测短期内的几个点，如果需要预测的时间点滞后过长，那么预测将会产生较大误差，而目前需要预测未来一天的负荷情况，以每 15min 为间隔的采样，那么一天就是 96 个点，这时必须改变建模的方式。一种可行的方式是将当前预测的值加入模型构建下一个点的预测，如此循环直到输出预测的目标序列，但是这样的做法很难把握随机因素的影响，不能得到理想的结果。做法是以天为单位，将历史数据进行切割，即设，表示第 *i* 天第 *i* 个采样时刻的负荷，这里（因为以每 15min 为采样间隔，一天 24h 对应 96 个采样点）的取值取决于有多少天的数据，则就是表示第 7 天的负荷曲线，要对负荷曲线做出预测，那么需要对每一个采样点构建一个模型，也就是对应于需要预测的时刻，要用过去天同一时刻的数据训练模型，这样就会得到 96 个模型，每个模型得出一个预测值，这样就构成了需要的预测负荷曲线。

通过图 10－4 的散点图分析，会发现负荷数据具有好的相关性，取陶瓷企业和铝合金企业的负荷数据，考虑当前负荷与前一天负荷之间的相关性，得到某陶瓷企业和某铝合金企业的负荷散点图，由软件计算得知左图的铝合金企业相关系数为 0.613，右图的陶瓷企业的相关系数为 0.957，说明通过以上思路来进行建模是可行的。

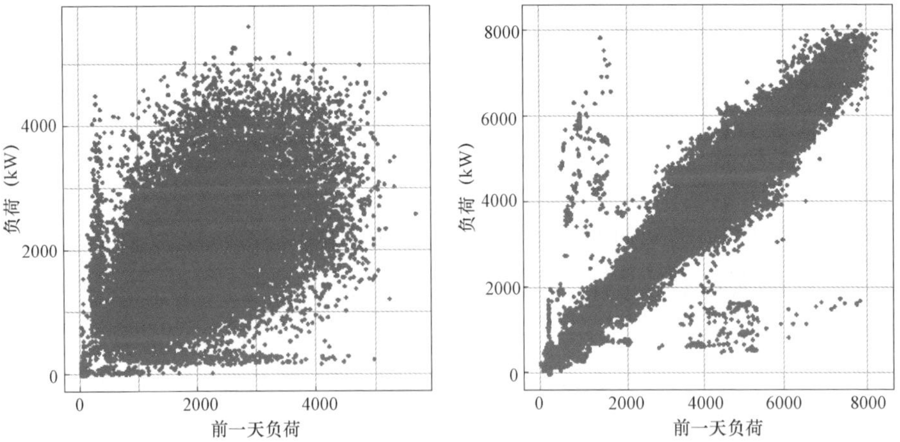

图 10－4　负荷散点图分析（左图铝合金企业，右图陶瓷企业）

由前面的介绍叙述，已经知道模型对非平稳序列敏感，在很多的常规建模过程中，都是将原始时间序列进行相应的数据变换（比如差分），使得变换后的序列是平稳序列，然后再进行模型的拟合，但是，这在实际应用系统中是比较复杂繁琐的一个过程，因此，在模型学习过程中，对于非平稳序列，采用单层的前向神经网络算法来学习它，最后返回预测的结果。事实上，对于非平稳负荷序列，往往包含了趋势，而神经网络算法可以很好地捕捉趋势的变化，因此这样的组合是有益的。

由以上构建过程可知，那就是如何确定参数，就是当前需要预测的时间点与过去多少天在同样的时间点的负荷相关，如果联想到马尔可夫过程，那么目前的问题就是如何确定马尔可夫过程的阶数。但是面对实际的工程应用，比如一个陶瓷工厂的用电负荷，不能直接指定其值，而且目前也没有比较严谨的方法来做这件事情，针对不同的行业，不同的企业，这一参数的取值应该都有所不同，就算是针对一个企业，也很难确定一个唯一的值。这里给出一种基于多样本下的模型误差评价来选择值，实现这一过程的思想是，针对一个企业，随机挑选一定天数的夏季日负荷数据，然后取不同值进行模型训练并对这些天做预测，考虑预测误差随值的走势变化，然后选出样本预测平均误差最小时的值作为该企业模型的马尔可夫阶数。这里选取了 10 组样本进行模型学习，并得到了相应的预测误差波动图，见图 10－5，选出陶瓷企业比较合理的马尔可夫阶数为 4，铝合金企业比较合适的阶数是 15，其中训练误差和测试误差的波动时由训练样本的变化带来的。

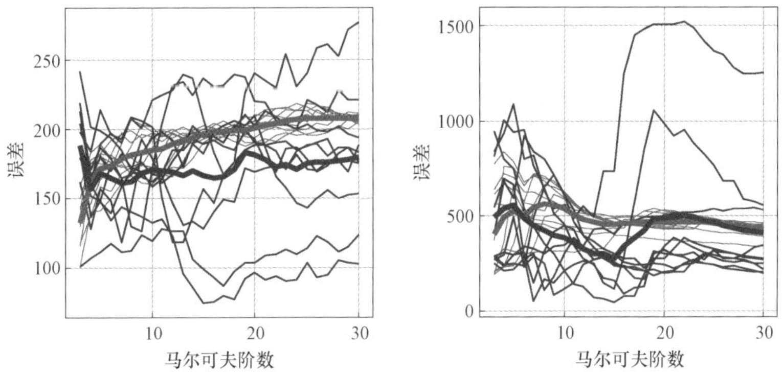

图 10－5　陶瓷和铝合金企业模型训练误差和预测误差

10.4.2 聚类分析

聚类分析(cluster analysis)是一类将数据所研究对象进行分类的统计方法。这一类方法的共同特点是：事先不知道类别的个数与结构；据以进行分析的数据是对象之间的相似性（similarity）或相异性（dissimilarity）的数据。将这些相似（相异）性数据看成是对象之间的“距离”远近的一种度量，将距离近的对象归入一类，不同类之间的对象距离较远。这就是聚类分析方法的共同思路。聚类分析根据分类对象不同分为Q型聚类分析和R型聚类分析。Q型聚类分析是指对样本进行聚类，R型聚类分析是指对变量进行聚类分析。

K－means聚类属于动态聚类法，动态聚类是非层次的，也称作划分方法，他简单地将数据项拆分为一个预定数为K的群或者类，针对数据是被分为K类还是K+1类之间没有层次关系，也就是说，分成K类的方案不是分成K+1类方案的起始步骤，动态聚类是相对系统聚类法提出的，系统聚类法一次形成类以后就不能改变，这就要求一次分类分得比较准确，对分类的方法提出较高的要求，相应的计算量自然也较大，如Q型系统聚类算法，聚类的过程是在样本间距离矩阵的基础上进行，当样本容量很大时，需要占据足够大的计算机内存，而且在并类过程中，需要将每类样本和其他样本间的距离逐一加以比较，以决定应合并的类别，需要较长的计算时间。所以对于大样本问题，Q型系统聚类法可能会因计算机内存或计算时间的限制而无法进行计算，这给应用带来一定的不便，基于这种情况，产生了动态聚类，即动态聚类法。

动态聚类又称为逐步聚类法，其基本思想是开始先粗略地分一下类，然后按照某种最优原则修改不合理的分类，直至类分得比较合理为止，这样就形成一个最终的分类结果，即给定K，将数据划分成K类，使得在同一类中的数据项彼此相似，而那些不同类别的数据项之间非常不同。这种方法具有计算量较小，占计算机内存较少和方法简单的优点，适用于大样本的Q型聚类分析。

K－means算法初始通过将个体分配给K个预定类的其中一类，然后计算类的重心，或者预先指定K个聚类中心。预先指定的中心可能是随机选定的项目或者通过在合适的高度点切割系统树图得到，然后通过迭代的方式，该算法重新分配个体到类，同时最小化ESS（每个个体到其当前类别重心的平方欧式距离）。当ESS不会进一步减少时程序停止。这种方案（分配个体到类）通常不是唯一的；算法只能找到ESS的一个局部最小值。为了使得ESS最小，建议运行算法是使用不同的初始化并随机分配个体到 K 个类别中（或者随机选择 K 个初始化中心），需要注意的是，一般来说，希望 ESS 是一个单调递减函数，除非设计把样本分成 K 类的方案能保证 ESS 有局部最小值。以某陶瓷企业数据为例，图 10－6 是该企业的历史负荷数据相似日聚类结果，从散点图中可以看到，3 类的聚类结果基本合理，样本点能够分开，从负荷轮廓图中可以看到聚类结果较好，但是第二类的负荷数据存在一些毛刺。

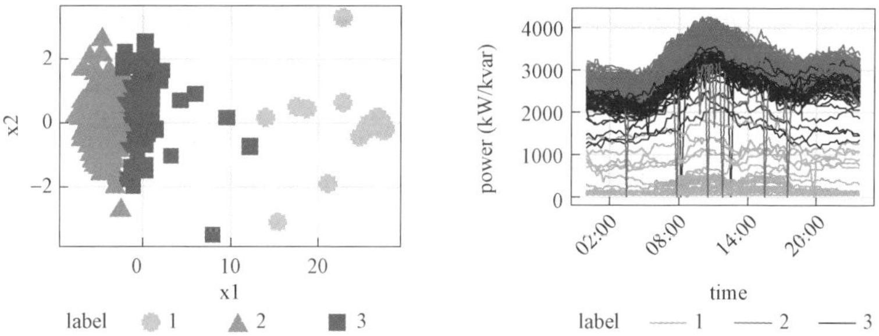

图 10－6　某陶瓷企业的 K－means 负荷聚类结果

通过聚类之后，得到相似日集合，对于待预测日使用相似日数据对其进行预测，通过对比试验，得出的结论是，通过聚类算法选取相似日的改进之后，预测准确度有了很大的提高，

10.4.3　时间序列＋神经网络负荷基线方法与聚类分析应用

根据需求响应试点的情况，本研究采用时间序列＋神经网络学习组合方法对需求响应平台上的负荷基线进行了分析研究。基本思路是采用事件序列方法，在时间序列方法出现收敛问题时采用神经网络学习方法。在采用这样组合方法之前，首先选定行业，例如陶瓷与铝合金行业，对行业企业的年度日负荷数据进行聚类分析，分为三类。图 10－7～图 10－10 给出了对三个陶瓷企业与一个铝合金企业年度日负荷聚类分析的结果，其中蓝色、红色与绿色日负荷曲线代表每个企业的三个负荷特征类的相似性聚合。可以看出，这些企业日负荷特性的变化，陶瓷企业的负荷特性相对稳定，显现出比较强的特征，负荷特征性比较强，数字比较大的第一个聚类群一般情况下是需求响应关注的主要类别。通过聚类后，可以对这一类负荷建立预测模型，能够实现相对准确的负荷预测。

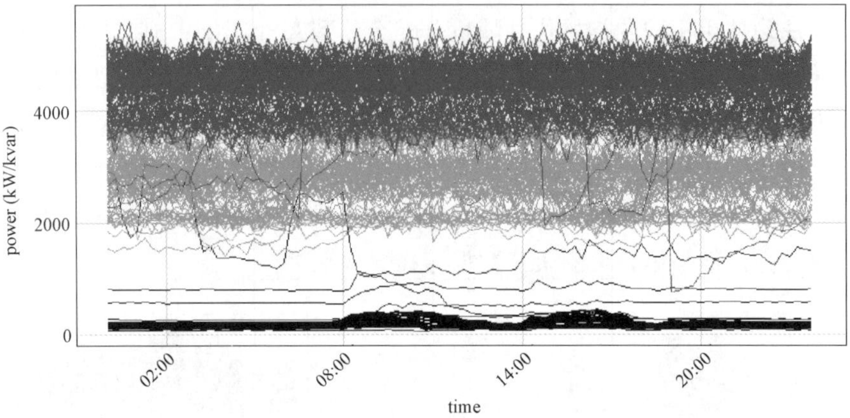

图 10-7　A 陶瓷企业年度日负荷聚类

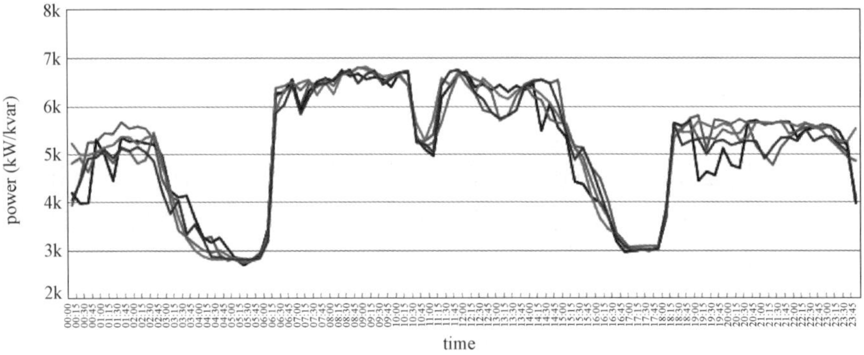

图 10-8　A 陶瓷企业 2015 年 4 月 15 日基线方法对比

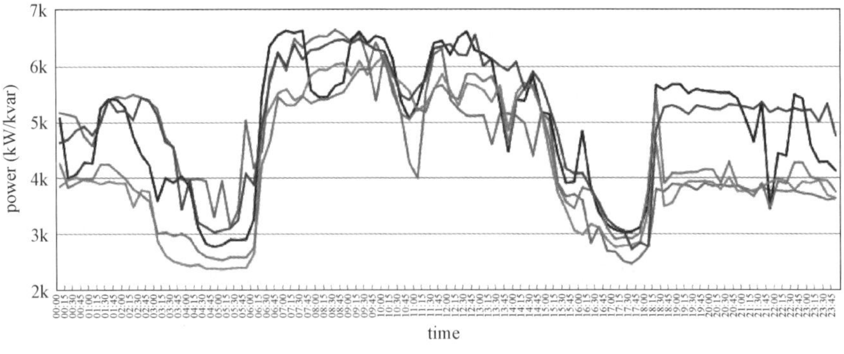

图 10-9　A 陶瓷企业 2015 年 5 月 12 日基线方法对比

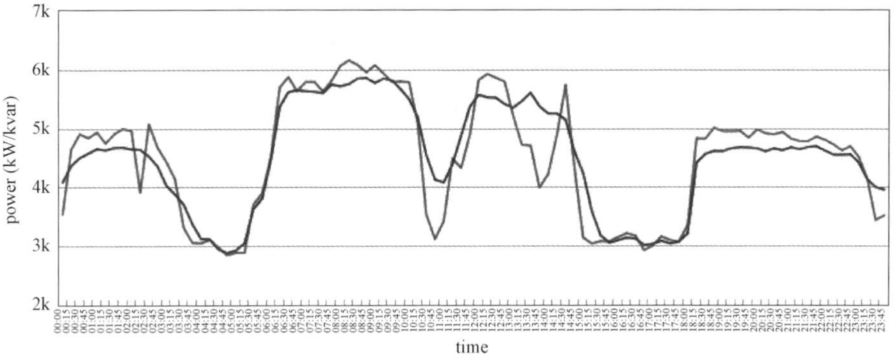

图 10－10　A 陶瓷企业 2015 年 7 月 1 日基线对比—时间序列＋神经网络方法

从图 10－8～图 10－10 中可以看出，该企业具有类似的负荷特性，而且具有 4 个高峰段的特征，分别是半夜两点、上午、下午与晚高峰。除半夜高峰段外，其余三个高峰段与三个高峰时段基本重合。从预测结果来看，时间序列＋神经网络方法相对准确。

从图 10－11～图 10－17 中明显可以看到时间序列＋神经网络方法比其他方法明显更加接近实际负荷。基线方法波动比较大，特别是在中午，而前一天的负荷波动情况与被预测日的有一定的差距，有更多的毛刺。图 10－17 展示不同基线方法在需求响应日情况下的对比，对于较稳定的生产企业，基线方法的差异不大，三种基线模式的绝对误差都在 7 左右。

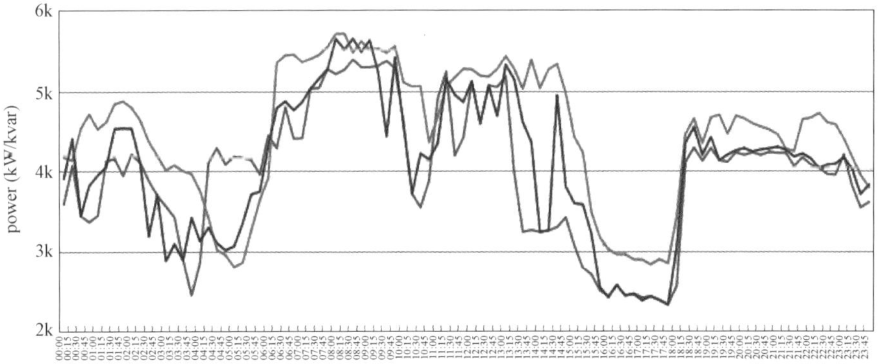

图 10－11　A 陶瓷企业 2015 年 7 月 30 日基线方法对比

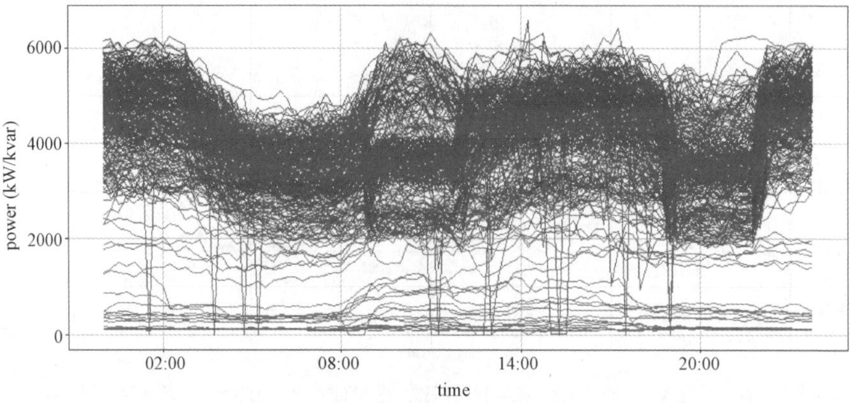

图 10－12　B 陶瓷年度日负荷特性聚类分析

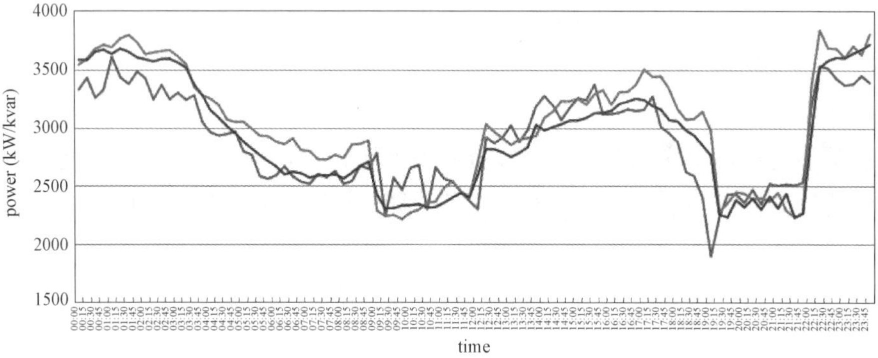

图 10－13　B 陶瓷企业 2015 年 4 月 15 日基线方法对比

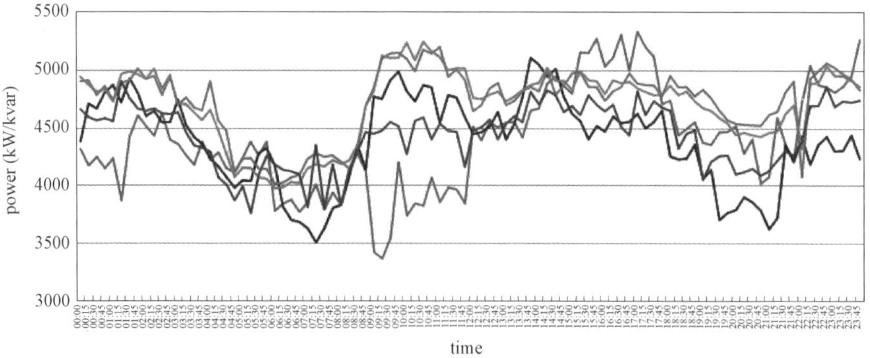

图 10－14　B 陶瓷企业 2015 年 7 月 15 日基线方法对比

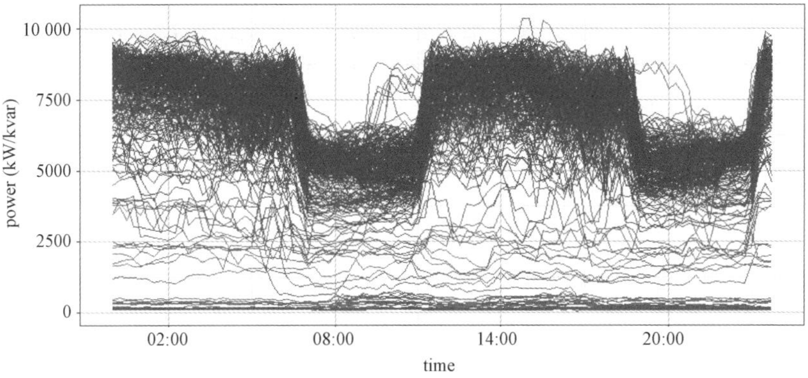

图 10－15　C 陶瓷企业 2014/2015 年度日负荷特性聚类分析

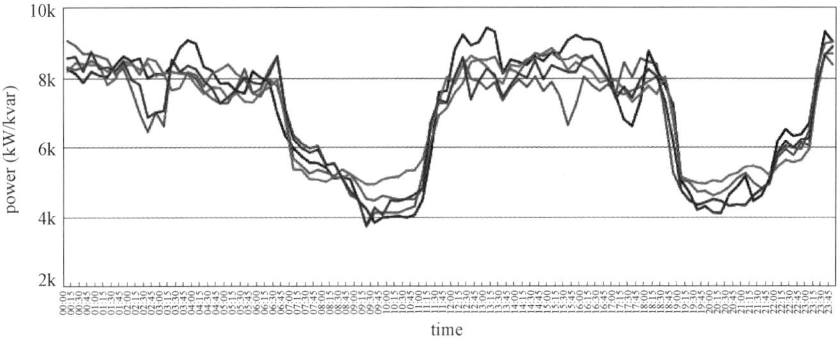

图 10－16　C 陶瓷企业 2015 年 4 月 15 日基线方法对比

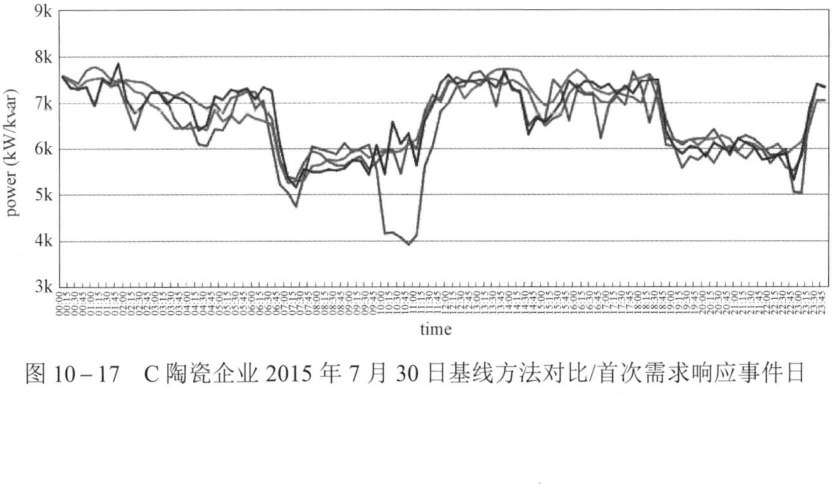

图 10－17　C 陶瓷企业 2015 年 7 月 30 日基线方法对比/首次需求响应事件日

图 10－18～图 10－20 表明铝合金企业的负荷变化比较频繁，这是由企业生产设备特点决定的，铝合金企业的主要用电工艺是氧化工艺与挤压工艺，氧化工艺中使用各种功率的硅机，频繁通断。对于这种频繁波动的负荷特性，时间序列＋神经网络组合方法也能给出较好的结果，特别是能够抓住负荷波动的变化。

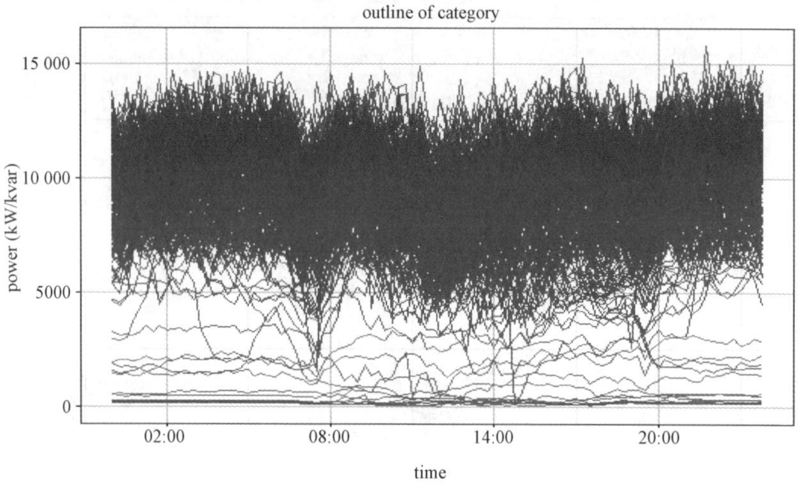

图 10－18　某铝型材企业 2014/2015 年度日负荷特性聚类分析

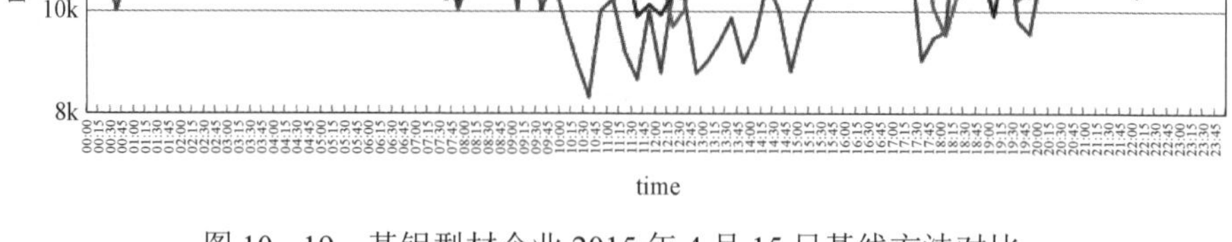

图 10－19　某铝型材企业 2015 年 4 月 15 日基线方法对比

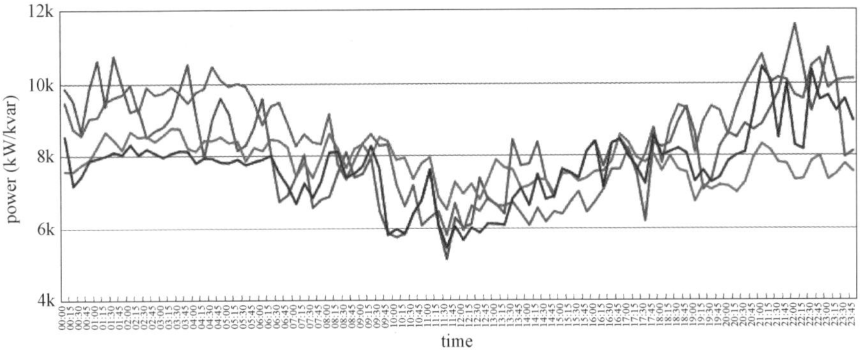

图 10-20 某铝型材企业 2015 年 7 月 16 日基线方法对比

10.5 需进一步探讨的问题与未来方向

工业企业的用电负荷曲线随产品种类、客户订单、季节等发生变化。不同企业用电模式各不相同，同一企业的用电模式也经常随产量、操作人员而改变。工业企业短期负荷预测是一个比较复杂的问题。企业基线模型实际上是对企业用电负荷的短期预测，即便是对于一个企业，一个模型也无法满足所有变动情况的需求。除需求响应外，随着电力体制改革的深入，企业需要从电力市场购买能源，需要确定在什么时候购买多少能源，同时需要尽可能减少用电峰峰谷差才能获得更有利的能源采购价格。因此，企业短期负荷预测是一个需要长期努力的研究方向，经过持之以恒的不懈的努力才能获得满意的预测结果。大数据分析、机器学习方法是一个很好的方向。需要对不同企业进行行业分类，采用更加精细的行业负荷类别特征分析确定行业类别，根据行业类别建立合适的负荷基线模型方法。即便是同一个行业，同一个企业内部的不同用电单位，负荷基线的方法也不相同。可以通过大数据聚类分析，更加企业之间，企业内部用电单位之间确定稳定与非稳定用电部分，研究出不同的基线方法。

11 工业企业分行业需求响应策略研究

11.1 概　　述

电力自动需求响应是“互联网+智能技术+市场化手段”在大系统范围内将能源供应与能源需求优化平衡、综合应用的一个新的领域。它采用技术、经济与市场化的方法（例如激励机制、市场交易机制等），在电力系统用电高峰时，根据电网总体或区域负荷的紧缺程度让客户自觉、自愿地调整其用电设备负荷以满足电力系统可靠性、动态优化平衡及系统性节能减排的要求。

11.1.1 国外发展历程

美国电力市场环境开放，目前是世界上实施需求响应项目最多，种类最齐全的国家；有三种典型的商业运作模式：政府直接管理模式、电网公司管理模式和独立第三方管理模式。

全美各州可中断负荷项目的开展各具特色，加州的可中断负荷主要以运营负荷参与计划和需求削减计划为主；纽约电力市场中的可中断负荷参与日前现货市场或运行备用市场；PJM 的可中断负荷分为紧急负荷响应计划和经济负荷响应计划。

就美国而言，工业用户能够针对价格或激励信号快速做出响应并削减大量的用电需求，因此非常适合需求响应项目，过去开展的需求响应也主要集中面向工业用户。目前用户与电网之间的互动还相对较少。

用户参与度是衡量需求响应项目是否成功的重要指标，美国是十分重视 DR 宣传、教育的。直接的效果就是，美国之前提出了常规、扩展、可实现和全参与 4 种方案，在这四种方案下，到 2019 年，可以分别削减高峰负荷，分别相当于高峰负荷的 4%、9%、14%和 20%。全参与方案可以削减的高峰负荷量相当于可以消纳全美 10 年内的电力需求增长。

日本 2014 年底实施自动需求响应实证试验。使用 ADR 国际标准规格 OpenADR2.0，在电力供应紧张时，自动向用户发出节电要求信号（以下简称 DR 信号），家庭、企业等用电方自动接收 DR 信号，用能源管理系统（EMS）控制用电量，对 DR 结果自动进行报告。

11.1.2 国内发展情况

我国也实施了一些需求响应政策。比如基于激励的需求响应：2004 年以来在江苏、河北、福建、上海、浙江等省份均开展了可中断负荷的实践工作，总体而言，实施工作还处于起步阶段，而且可中断负荷补偿标准太过笼统，没有考虑到用户的类型，无法对用户产生有效的激励。

比如基于电价的需求响应。我国目前实施的需求响应电价措施有：分时电价，阶梯电价和尖峰电价。以居民阶梯电价为主，是指按照电力消费量分段定价，用电越多，支付的电价水平呈阶梯状逐级递增，2012 年开始在全国全面推行。

我国的相关电价制定不合理，定价方法和策略研究相对较少。电价提高幅度与实施时段的确定往往缺乏坚实的理论基础，随意性较大；而且需求响应项目非常依赖于配套基础设备、测量设备以及通信设备的统一标准。这方面我国显然比较欠缺。

总之一句话，这种依靠市场的手段，我国一般都发展的很慢，就电力需求响应来说，我国还远没有发展到运用市场价格去影响需求的时间和水平的阶段。

11.1.3 电力自动需求响应的作用

电力自动需求响应对电力系统和用电企业都有相应的作用：

1. 对电力系统

（1）增加电网柔性调峰能力，削减高峰负荷及峰谷差，确保电网运行安全。

（2）实现电力负荷管理由强制到自愿的转变，减少电力高峰拉闸限电对企业的影响，有效缓解电网局部“卡脖子”问题，提高用电企业、市民的用电满意度，减少拉闸限电导致的不必要的法律纠纷。

（3）实现系统性节能减排、改善空气质量。

（4）延迟或者减少电力系统的投资，提高现有电力系统资产效率。

（5）发展需求响应产业与产业链，包括融资平台、市场交易平台、需求响应服务商等。

（6）消纳新能源的间歇性，促进以风电与太阳能发电为代表的新能源的发展，为大量电动汽车的使用提供弹性的电网调节能力。

2. 对参与电力需求响应的用电企业

（1）促进绿色、低碳建设，体现企业社会价值，提升企业知名度。

（2）企业参加需求侧响应还可以获取需求侧试点项目补助。

（3）以需求响应契机，用户根据电网的引导策略自动发掘对用户最有利的用电方式，促使企业控制用电需求，促进节能减排，通过持续开展需求响应，使电力用户参与电网削峰填谷，降低企业用电成本。

11.1.4 工业需求响应的基本策略

企业参与电力自动需求响应会根据自身负荷用电特性确定来负荷削减量，再制定需求响应的负荷削减策略。一般需求响应负荷削减策略，可以归纳为以下几大类：

（1）生产设备临时关停：临时性可调节生产性负荷关停，例如部分球磨机、抛光线、空压机、鼓风机、循环水泵关停等。

（2）生产线临时关停：例如汽车生产焊装车间、铝型材行业挤压线、氧化线。

（3）生产设备参数调整：例如熔铸炉温度到保温状态、退火炉温度调低。

（4）非生产设备关停：办公楼制冷机、空调暂停、风机关停、生活区照明关停等。

11.2 典型陶瓷行业高峰用电模式与需求响应策略

11.2.1 用电负荷特性

用电一般为三班制，一天 24 小时生产。一般晚上负荷最高，下午负荷次之，上午负荷较低，上午不适合参与响应。某陶瓷公司负荷曲线图如图 11－1 所示。

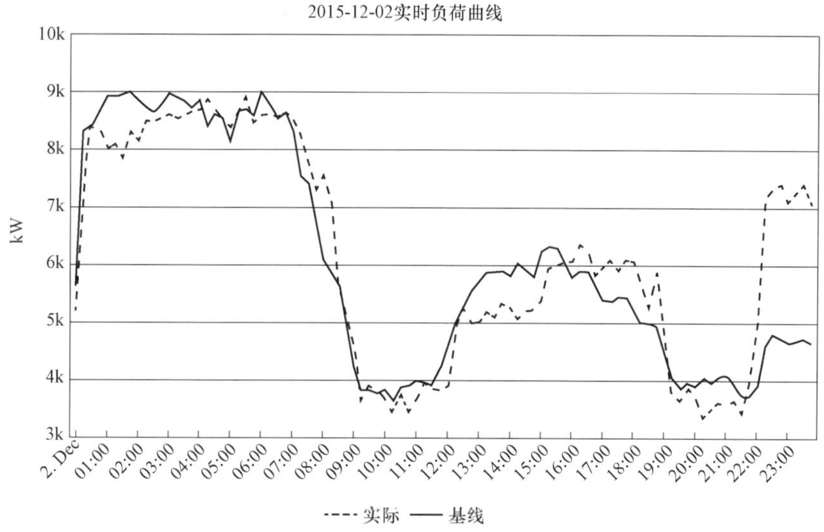

图 11－1　某陶瓷公司负荷曲线图

11.2.2　主要工艺流程

主要用能设备、工艺流程特点：陶瓷行业主要用电设备有球磨机、抛光机、压机、空压机、碎机、造粉机、窑炉生产线（窑炉风机、窑炉传动系统等）等。其中球磨机、抛光机、压机及窑炉生产线的各种设备为主要耗能设备。

主要工艺流程概括：陶瓷行业的生产工艺流程如图 11－2 所示。

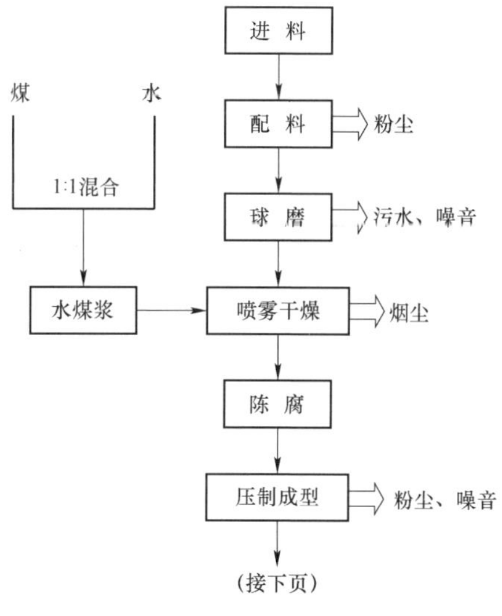

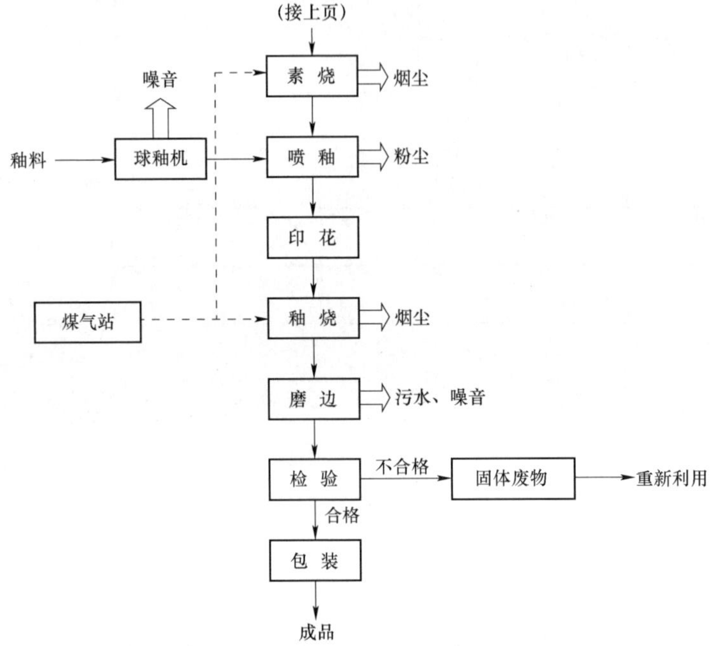

图 11-2 陶瓷行业生产工艺流程图

陶瓷行业各工段的情况描述如表 11-1 所示。

表 11-1 陶瓷行业生产工艺工段情况描述

序号	工段名称	功能
1	选料	根据产品的特征，选取优质、低放射性的原材料
2	配料	根据产品的配方，配备不同的原材料
3	粉料制备	制备流程包括原料的球磨粉碎、浆料陈腐、喷雾造粒等环节。使粉料的粒径、水分等符合工艺要求
4	压制成型	通过推粉料的设备将制备好的粉料填充到压机模框里压制而成
5	素烧	产品素烧使坯体有机杂质、碳素以及碳酸盐等化合物产生的气体排除，减少针孔等缺陷，增加坯体机械强度减少破损，同时通过素烧有利于防止产品变形，以及表面进行装饰等
6	表面装饰	依据产品种类的不同给干燥或素烧过的坯体表面进行渗花或施釉等不同的装饰方法，增强产品的图案装饰效果
7	烧结	烧成的目的是让坏体在高温中经受热化学反应，使原来由矿物原料组成的生坯最终玻化成瓷
8	分捡	根据产品标准，将产品分级

11.2.3 可中断负荷潜力分析

由表 11－2 可知，陶瓷行业在球磨、球釉、压制成型、磨边抛光可中断的负荷较多，如球磨机、球釉机、压砖机、抛光机带的电机。其中球磨机、球釉机负荷占比最大，可中断负荷的能力也最强。如果中断球磨机、球釉机，造成的影响可能会多少许废品，对生产影响较小。陶瓷行业还配套了部分空压机，此负荷也可作为中断负荷。

表 11－2　　陶瓷行业主要用电设备可中断潜力分析表

主要工序环节	主要用电设备	是否可中断负荷	可中断时间（h）	占总生产负荷的比例（%）
球磨	球磨机	是	1～3	20
球釉	球釉机	是	1～3	5
压制成型	压砖机	是	—	15
素烧	窑炉	否	—	20
釉烧	窑炉	否	—	5
磨边抛光	抛光机	是	1～3	10

11.2.4 需求响应能力评估

针对陶瓷行业的工艺流程和主要设备分析，可见此行业的需求响应策略为：

主要响应设备：球磨机、球釉机、抛光机等。

最长响应时间：1～3 小时。

需提前多长时间通知调整：1～3 天。

响应负荷能力：总装机容量的 35%左右，根据每家企业生产产品的特性而定。

11.3 典型铝型材企业高峰用电模式与需求响应策略

11.3.1 用电负荷特性

铝型材行业两班制运转，24h 连续运行，工作日与周末工作时间相同，属于二类负荷，供电可靠性要求较高，主要设备为挤压机与硅机。如果停电，挤压机需至少提前 4 个小时通知，硅机则需要提前 1 个工作日通知。

铝型材行业不受季节温度的影响，产量根据市场订单来定，其典型日负荷曲线如图 11－3 所示。

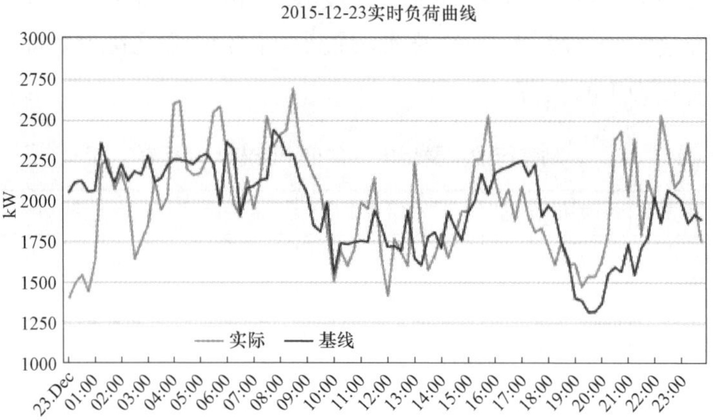

图 11－3　某铝型材厂日负荷曲线

11.3.2　主要工艺流程

铝型材行业生产工艺工段描述见表 11－3。

表 11－3　　　　　铝型材加工企业生产工艺工段描述表

序号	工段名称	功能
1	配料	根据生产要求，计算出各种合金成分的添加量，之后搭配好各种原材料
2	熔炼	将之前配好的原材料按照一定的工艺要求添加到熔炼炉中进行熔化，并且还需要进行除气、除渣等过程，将熔体内的杂渣和气体去除掉
3	铸造	将熔炼好的铝液按照一定的工艺要求，经过专门的铸造系统，将它冷却铸造成所需要的各种规格的铸铝半成品，以备后面工序的进行
4	挤压	需要根据铝材的断面设计将相应的模具制作出来，之后利用挤压设备将加热过后的铸铝棒在模具中挤压成型
5	预处理	利用一定的化学和物理手段将铝材的表面清洗干净
6	氧化	采用阳极氧化的方式使得铝材基体的表面发生一定的阳极氧化
7	封孔	经过阳极氧化之后的铝材，氧化膜上的膜孔需要经过封孔处理
8	包装进仓	按要求包装进仓

11.3.3　可中断负荷潜力分析

铝型材加工企业生产负荷描述见表 11－4。

表 11－4　　　　　铝型材加工企业生产负荷描述表

主要工序环节	主要用电设备	是否可中断负荷	可中断时间（h）	占总生产负荷的比例（%）
熔炼与铸造	熔铸炉	否	—	0.2
	均质炉	是	1～2	0.3
挤压	挤压机	是	1～2	41
	时效炉	否	—	0.6
氧化	硅机	否	—	48
	水泵	否	—	1
	冰机	否	—	1

11.3.4　需求响应能力评估

通过以上分析，铝型材行业的响应策略为：

主要响应设备：挤压机；

最长响应时间：1～2h；

需提前多长时间通知调整：至少提前 1 天；

响应负荷的能力：挤压机总负荷的 20%左右。

11.4 典型食品饮料加工企业高峰用电模式与需求响应策略

11.4.1 用电负荷特性

食品饮料加工行业三班班制运转 24h 连续运行，工作日与周末工作时间相同，每天上午 8:00 到中午 12:00 负荷最高，负荷的高峰期为 5～10 月，属于二类负荷，供电可靠性要求较高。

食品饮料加工行业的日负荷曲线如图 11－4 所示。

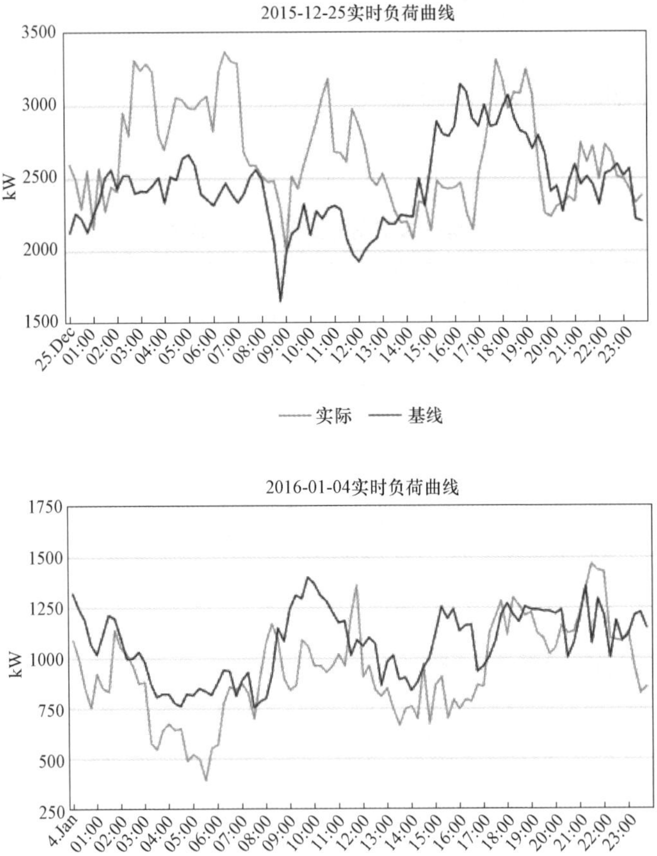

图 11－4 食品饮料加工行业的日负荷曲线

11.4.2 主要工艺流程

啤酒生产工艺工段描述见表 11－5。

表 11－5　　　　　　　　　啤酒生产工艺工段描述

序号	工段名称	功能
1	原料粉碎	纯机械过程，原料通过粉碎可以增大表面积，接触面积增大，加速溶解和分解
2	糖化	麦芽内含物在酶的作用下继续溶解和分解的过程
3	过滤	糖化结束后，将糖化醪进行固液分离
4	煮沸	蒸发多余的水分，破坏酶的活性，终止生物化学反应，麦汁灭菌，浸出酒花中的有效成分
5	冷却	经煮沸的麦汁要冷却到发酵温度，再冷却过程中分离凝固物，并通入无菌空气提供酵母生长繁殖所需的氧气
6	发酵	
7	罐装	
8	装箱	

11.4.3 可中断负荷潜力分析

啤酒生产工艺负荷描述见表 11－6。

表 11－6　　　　　　　　　啤酒生产工艺负荷描述

主要工序环节	主要用电设备	是否可中断负荷	可中断时间（h）	占总生产负荷的比例（%）
制冷	制冷机	是	2.5	47
糖化	水泵	是	2.5	10
煮沸	搅拌电机	否	—	10
发酵	水泵	否	—	10

11.4.4 需求响应能力评估

通过以上分析，食品饮料行业的响应策略为：

主要响应设备：制冷机、空压机；

最长响应时间：2.5h；

需提前多长时间通知调整：至少提前 1 天；

响应负荷的能力：变压器容量的 60%左右。

11.5 典型化纤企业高峰用电模式与需求响应策略

11.5.1 用电负荷特性

化纤工业生产基本可以划分为纺丝液制备、纺丝成形和后处理 3 个阶段，主要用电设备均属于一类负荷，供电可靠性要求高。生产班次为三班制，设备 24h 连续运行，工作日与周末工作时间相同，负荷曲线形状基本一致，见图 11－5。

图 11－5　某化纤公司负荷曲线图

11.5.2 主要工艺流程

纤行业主要工艺一般为涤纶、纺线及切片等，其生产工艺流程分别为：

（1）涤纶长丝生产工艺流程，见图 11－6：

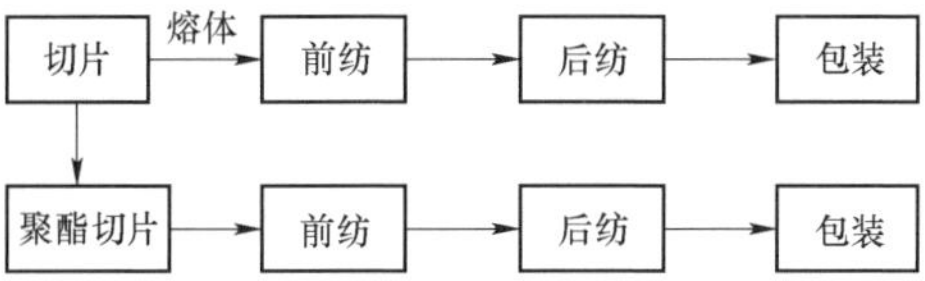

图 11－6 涤纶长丝生产工艺流程

（2）纺线生产工艺流程，见图 11－7：

图 11－7 纺线生产工艺流程

（3）切片厂生产工艺流程，见图 11－8：

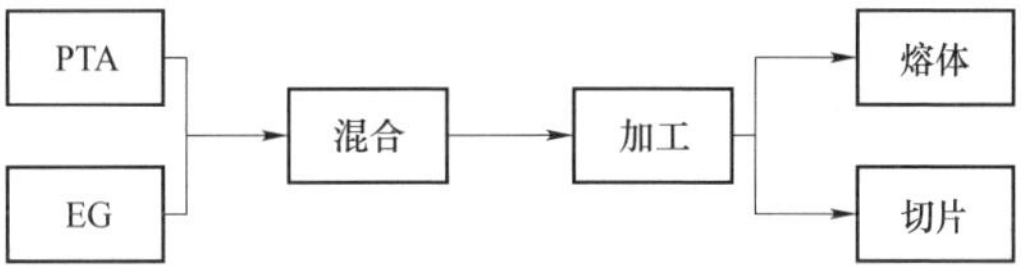

图 11－8 切片厂生产工艺流程

其中重要工序的流程为：

前纺

原材料→挤压机→增压泵→热交换器→计量泵→纺丝机→丝束合并及上油系统→卷绕机→喂入轮→横动

后纺

集束架→导丝机→浸油槽→一道牵引→水浴牵引槽→二道牵引→蒸汽加热箱→紧张热定型→冷却→三道牵引→叠丝机→张力架→卷曲机→铺丝机→烘干→卷绕→切断→打包→出厂

11.5.3 可中断负荷潜力分析

化纤生产负荷描述见表 11－7。

表 11－7　化纤生产负荷描述

主要工序环节	主要用电设备	是否可中断负荷	可中断时间（h）	占总生产负荷的比例（%）
前处理	混料机等	是	1～2	2
切片	切片机、挤出机	否	—	5
前纺	挤压机	否	—	12
	泵	是	1～3	6
	纺丝机	是	2	13
后纺	导丝机	否	—	5
	卷绕机、铺丝机	是	1～3	7
后处理	加弹机	是	1～2	50

由表 11－7 可知，化纤行业在前纺工序开始可中断的负荷较多，如一些增压泵和计量泵带的电机、部分纺丝机、卷绕机、加弹机等。其中后处理中的加弹机负荷占比最大，可中断负荷的能力也最强。如果中断纺丝机和卷绕机，造成的影响可能会多少许废品，影响较小；而加弹机比较随机，对生产影响较小。

化纤行业还配套了部分空压机，此负荷也可作为中断负荷。

11.6　塑料制品行业

塑料制品行业的主要产品有双向拉伸聚丙烯薄膜（BOPP）、双向拉伸尼龙薄膜 BOPA、聚酯薄膜、编织布、人造革 PVC、合成革 PV、塑料线槽管等。

11.6.1　用电负荷特性

塑料制品生产工艺根据产品的不同，工艺也不同。基本可以原料选择—原料着色与配比—设计铸模—机器分解注塑—印花—组装检测成品—包装出厂，主要用电设备均属于一类负荷，供电可靠性要求高。生产班次为三班制，设备 24h 连续运行，工作日与周末工作时间相同，负荷曲线形状基本一致，见图 11－9。

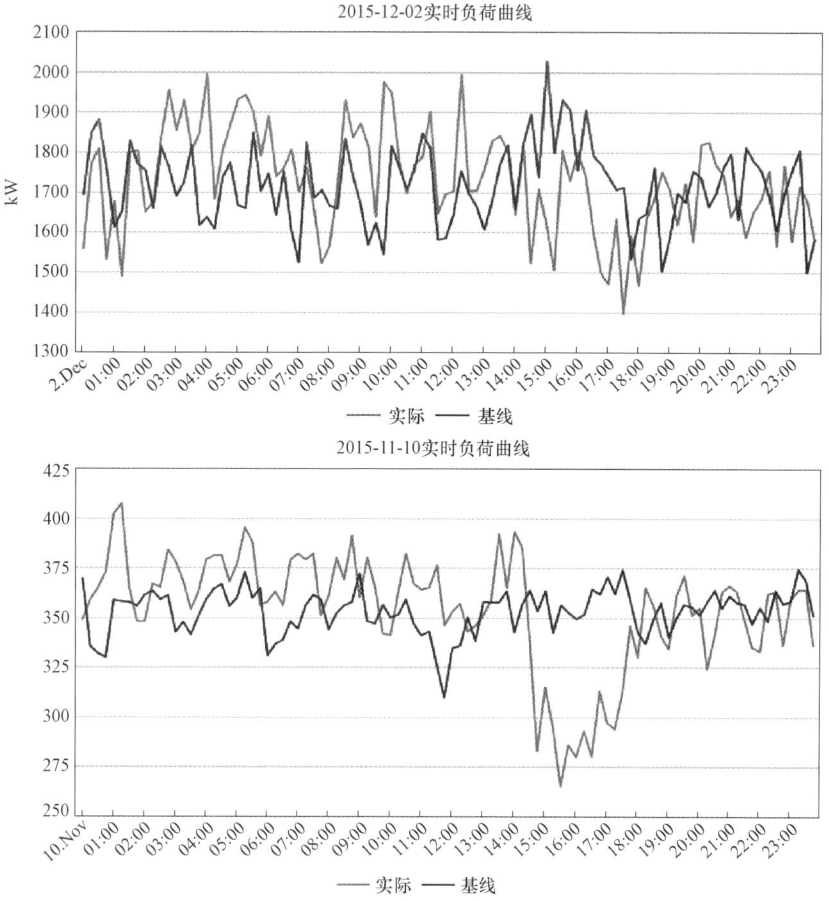

图 11－9　某化纤公司负荷曲线图

11.6.2　主要工艺流程

化纤公司生产工艺如图 11－10。

11.6.3　可中断负荷潜力分析

由表 11－8 可知，塑料制品行业在工序中可中断的负荷较小。塑料原料在经过搅拌机和干燥机烘干后，送入注塑机加工成型，成型后的产品通过喷涂、烤漆等一系列工艺，才能包装完成。中间中断任何一种负荷，都将造成生产无法继续往下走。

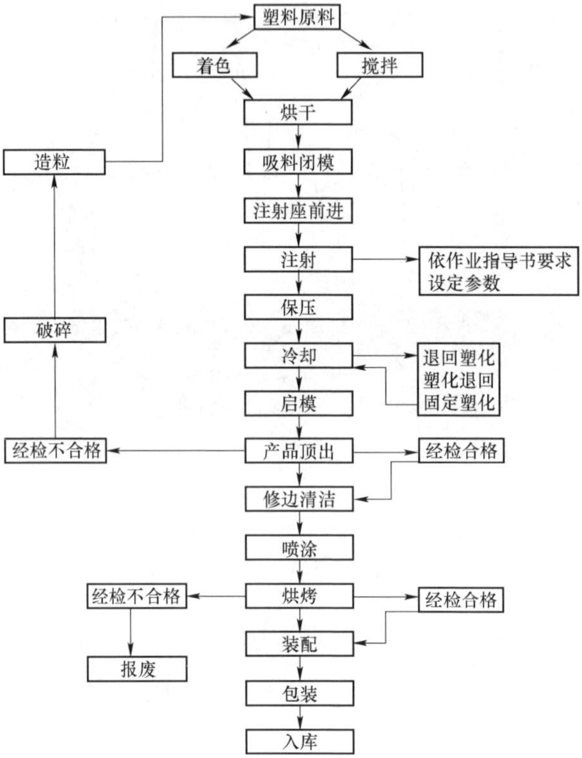

图 11－10　化纤公司生产工艺

表 11－8　　　　　　塑料生产负荷描述

主要工序环节	主要用电设备	是否可中断负荷	可中断时间（h）	占总生产负荷的比例（%）
原料预处理	搅拌机	否	—	8
	烘干机（干燥机）	否	—	8
注塑成型	注塑机	否	—	60
后处理	喷涂机	否	—	8
	干燥机、烘烤机	否	—	8
其他	风机、小型电机、空压机等	是	1～3	8

在调研塑料制品企业时，负责人告知只能通过减产或者关停部分风机、小型电机或空压机来进行响应。

11.6.4 需求响应能力评估

通过以上分析，塑料制品行业的需求响应策略为：通过安排生产计划，在响应事件内关停设备，停止部分生产来满足响应需求。最长响应时间一般随机，一般 1～4h，提前 1～3 天。

11.7 试点过程各类企业需求响应策略实施情况及效果

本次试点过程中各企业都根据自身用电方式制定了相应的需求响应策略，并且都得到有效实施，下面是各典型行业企业代表在本次响应中的响应策略的现场实施情况：

某陶瓷厂的响应策略及具体操作细节如表 11－9 所示。

表 11－9　　某陶瓷厂需求响应策略列表

预先确定的响应策略名称	需求响应策略具体操作细节	削减负荷数（kW）	操作时刻
抛光 1、2 号变压器	在抛光机操作面板按操作规程停机	1300	14:40
球磨 1 号变压器	在球磨机操作面板按操作规程停机	1450	14:45
球磨 2 号、3 号变压器	在球磨机操作面板按操作规程停机	1850	14:50

某塑料五金厂的响应策略及具体操作细节如表 11－10 所示。

表 11－10　　某塑料五金厂需求响应策略列表

预先确定的响应策略名称	需求响应策略具体操作细节	削减负荷数（kW）	操作时刻
拉丝机暂停	在拉丝机操作电源按操作规程停机	100	14:15
挤出机暂停	在挤出机操作电源按操作规程停机	200	14:20

某啤酒厂的响应策略及具体操作细节如表 11－11 所示。

表 11－11　　某啤酒厂需求响应策略列表

预先确定的响应策略名称	需求响应策略具体操作细节	削减负荷数（kW）	操作时刻
冷水机	调班生产	500	14:00
包装机	调班生产	1500	14:00
空压机	通过调班，减少用气量	500	14:00

某铝型材厂的响应策略及具体操作细节如表 11－12 所示。

表 11－12　　　　某铝型材厂需求响应策略列表

预先确定的响应策略名称	需求响应策略具体操作细节	削减负荷数（kW）	操作时刻
1～8 号硅机暂停	在 1～8 号硅机操作电源按操作规程停机	2000	8:00
电泳机暂停	在电泳机操作面板按操作规程停机	200	8:00
1、2 号着色硅机暂停	在 1、2 号着色硅机操作面板按操作规程停机	360	8:00
2 号冰机暂停	在 2 号冰机操作面板按操作规程停机	300	8:00

通过不同用户的需求相应策略表可以针对有中断潜力的客户制定不同的可中断负荷补偿机制，从而完善下一次的需求响应实施决策。

11.8　存在的问题与下一步的改进思考

（1）电力自动需求响应的客户几乎全部为大工业用户，商业建筑与居民用电等未能参与其中，电力需求响应客户资源类型单一，没有通过试点情况充分了解到这些用能单位的实际用电特性。

（2）本次响应的激励机制是对企业在规定时间削减的负荷量进行响应的补贴，这个激励机制比较单一，需要考虑的是如何在电力市场开放的情况下，企业或者是电力用户根据价格信号或者其他激励机制自主做出响应，从而改变固有习惯用电模式。

随着智能电网的快速发展，先进的通信、控制等需求响应支撑技术增强了用户的响应能力。在需求响应项目中，根据参与主体不同、需求响应项目不同，优化决策中的决策变量、决策目标、约束条件也是不同的。电力公司将基于激励的需求响应参与发电调度优化决策时，决策变量是各个需求响应用户或负荷聚集商的负荷削减量和削减时间，或直接负荷控制的控制策略。目标函数一般是发电成本最低、网损最小化、需求响应项目激励补偿最小化、本身收益最大化、阻塞补偿最小化以及碳排放最小化等。将基于价格的需求响应参与优化决策时，决策变量则是能够满足削峰填谷要求的电价政策，优化目标一般是日负荷曲线最大峰荷最小化、日负荷曲线峰谷差最小化，以及用户的满意度最大化等。用户接到电力公司的需求响应项目要求时，一般通过智能交互终端或者能量管理系统的优化决策对生产生活进行重新安排。用户成本一般分为 3 个部分，购电成本、服务成本和停电成本。用户中断成本函数可表示为一次型、二次型、三次型和指数型。工业用户用电模式与其生产流程、用电设备等多种因素密切相关。在响应系统侧信号时，需要综合考虑生产班制、设备连续性、前驱后继关系等信息进行内部经济决策，以寻求最优化能量管理方案。

12 数字化定位与“三位一体”市场化客户开发模式

12.1 概　　述

近年来，随着社会经济的快速发展，该市对电力的需求一直保持着高速增长趋势，居民用电和第三产业用电比重持续上升，空调负荷持续攀升，电网峰谷差呈不断加大趋势，使得工业错峰压力非常大。在这样的背景下，一方面加强了有序用电管理，另一方面积极争取政策支持，在有序用电管理的基础上，对电力需求侧资源进行了潜力分析和诊断，评估节电前景，加大企业电能在线监测计量系统或智能用电管理系统建设力度。

需求响应是“互联网+能源”科技的典型应用，其主要思想是通过政策、电价与市场的激励让大量的客户参加需求响应事件，在城市电力高峰时段，每一个用户贡献 15%左右的可调整负荷构成需求响应虚拟电站，从而确保企业基本生产、经营活动不受影响。需求响应的关键是客户的参与积极性，电能服务商需要开发实用、高效的客户动员开发方法与工具来进行客户的开发与动员。为此，首先需要解决的是如何确定哪些企业具有需求响应的能力，对于不同企业、不同行业采用不同的策略，实现“精准”数字化定位，并充分利用政府、电力公司与电能服务商的资源组合，采用市场化的方法进行客户开发与管理。

12.2 数字化客户定位

电力需求响应试点工作鼓励负荷集成服务模式的应用。按照试点要求，结合电力市场的情况，实施试点以工业企业为主，以集团企业为突破口，逐步引入工业园区。

由于工业企业众多，为实现对需求响应试点企业进行快速的数字化定位与筛选，制定了几点原则作为选取参与电力需求响应试点企业的依据。企业选取原则有：

（1）在境内生产、经营的具有独立法人资格的电力用户，年度用电量要求在500万千瓦时以上或变压器报装容量4MW以上。

（2）有能力在夏季高温日上午9:30～11:30，下午2:00～5:00时段削减用电负荷（或减少用电量），削减能力需占最高负荷的10%以上。

（3）同意把参与需求响应的负荷数据传送至电力需求响应平台。

针对以上几点原则，鼓励企业自愿参与，优先考虑电网出现“卡脖子”区域内的企业。在地域分配上，做到各个区均衡考虑，力争提高响应负荷的优良程度。

在拜访企业之前，电能服务商会对企业的基本情况作一个初步了解，例如企业的报装容量，用电类型，能耗管理等等，待与企业进行面对面沟通时，再进一步收集企业的相关需求和信息，找出企业感兴趣的点，有针对性的推介和深入交流。根据行业类别确定目标客户名单，对目标客户群的历史用电数据与实时用电数据进行分析是电力需求响应试点的一个特色。企业电力需求响应潜力分析见图12-1。

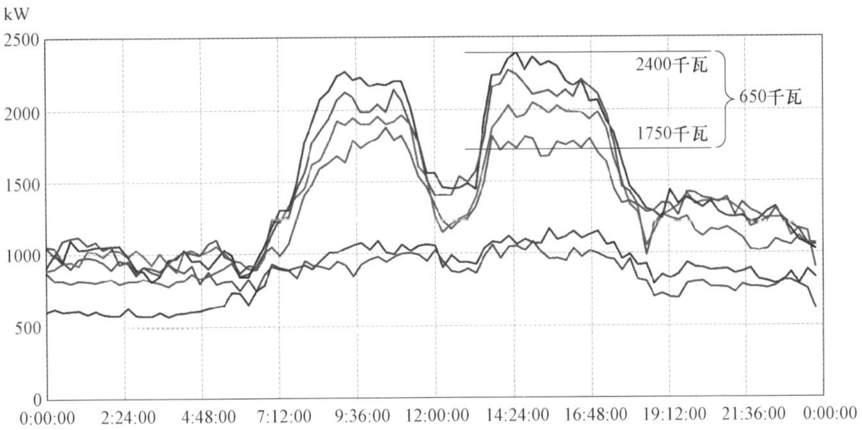

图12-1 企业电力需求响应潜力分析

由于每个企业的实际情况都不一样，最终将企业的需求总结为以下几种类型：

（1）希望获取政府的资金补贴。企业纯粹为了获取政府的资金补贴，在不影响生产的前提下，尽可能削减自己的负荷，使自己的利益最大化。

（2）希望提高企业的能源管理水平。一些企业已经逐渐意识到了能源管理的重要性，希望能够对自己的能源消耗进行精细化、可视化的管理，并后续采用先进技术、管理手段和高效设备提高终端效率，降低单位产品能耗或单位产值能耗。

（3）希望避免参与有序用电/错峰。在订单生产排班比较紧张的企业，强制错峰会对企业造成难以估量的影响。因此，如果能够避免突如其来的错峰，企业将非常乐意参与电力需求响应。

12.3 “三位一体”市场化客户开发模式

电力需求响应对客户的开发采用了“三位一体”的开发模式，政府，供电局，电能服务商三方联动，相互协调，共同引导企业积极、主动参与到电力需求响应的实践中来，并且从多个途径为企业提供优惠政策：

（1）试点资金补贴，2015 年底前（国家试点期间），对申报电力需求响应项目的企业或负荷集成服务商，项目实施并通过验收后对临时降低负荷给予 130 元/kW 的补贴。

（2）结合用电企业直购电试点的实施，优先安排参与需求响应并符合省直购电相关文件规定的企业参与直购电。

（3）结合市经济科技发展专项资金的使用，给予参与企业优先扶持。

电力需求响应近几年才刚发展起来，许多企业对相关的政策、细节还不是很清楚，这就需要政府等相关部门组织适当的培训与动员活动，宣传电力需求响应的思想并落实。

12.4 数字化定位与“三位一体”市场化模式的实施与效果

所有自愿参与电力需求响应的企业均与电能服务商或者政府签订了企业参与电力需求响应试点协议，协议中明确约定了企业承诺降低的削减量，以及达到削减目标应该完成的任务，企业同意按照要求实施需求响应，自签订协议后的三年内累计响应次数不少于 10 次，其中 2015 年底前不少于 5 次。企业参与电力需求响应应以对企业的生产与经营影响最小为原则，削减负荷量一般不超过该企业总负荷量的 15%。

12.5 需求响应客户开发模式的进一步思考

电力需求响应在数字化定位与“三位一体”的市场化模式推动下，取得了显著的成果，也积累了许多的经验，但同时也存在着一些不足的地方，要在后期的客户市场开发过程中不断地改进。电力需求响应对的思考主要有以下两点：

（1）多个电能服务商为了争取更多的企业客户，在价格和服务上，产生了一系列的竞争，如果大家能够用相互合作来代替竞争，共同维护好市场秩序，应该能够取得更好的市场效果，服务商们凭借自身的优势，也能够找到更加符合自己的客户资源。

（2）总体来看，我国当前的电力需求响应工作主要体现在缓解用电缺口方面，在落实方面也是以政府的相关优惠政策和补贴来推动。随着我国经济增长方式的转变，还应该在电力需求响应的过程中引入市场化的模式，例如尖峰电价、需求竞价等，为各类工业企业提供多种被认可和接受的电力需求响应模式。

13 多平台系统交互与客户互动研究与实践

13.1 概 述

电力体制改革给电力行业需求侧管理带来了新的挑战，一方面原有垂直垄断体制下实施的电力需求侧管理带给电力公司的效益被分散；另一方面，一些传统的 DSM 措施，如负荷管理与能效服务的实施基础，也发生了变化。随着竞争市场的发展与完善，电力系统的利益主体逐步多元化，需求侧资源在竞争市场中的作用正在被重新认识。在电力市场竞争中引入需求响应，通过价格信号和激励机制来增加需求侧在市场中的作用，并将供应侧和需求侧的资源进行综合资源规划，是适应电力市场发展的必然要求。

在电力需求响应中，用户用电需求是一种可管理的资源，这将有助于平衡供求关系，确保系统的可靠性。如何鼓励与促进用户参与电力运行系统，实现电网与用户的友好互动，是需求响应实践成功与否的关键。一方面，需要对需求响应项目（包括激励规则、参与方式与商业运营模式等）进行合理设计，使得用户觉得参与需求响应有利可图，从而主动加入进来；另一方面，需要提升需求响应支撑技术（包括信息反馈、信息展现、智能分析、智能控制等技术）的自动化、可视化与智能化水平，并运用这些技术建立需求响应集成平台，使得用户无须过多参与培训与学习即可享受平台带来的便利，以“淘宝式”的需求响应体验来服务用户。

电力需求响应涉及到社会的各个方面，包括政府、供电局、售电公司、电能服务商、工业企业、商业建筑、居民及公共用能设施，以及新能源、分布发电、电动汽车充电、市场交易平台等，其中有需求方、供给方、服务商与管理机构。需求响应参与各方在需求响应资源挖掘准备、需求响应事件运行与事件后的测量与验证、结算与支付等过程中，不同的参与主体需要通过不同的平台参与需求响应的活动，这就涉及到各种平台如何设计、如何运行、如何交互的问题。需求响应试点建立了政府平台、电能服务商平台与客户端系统的互动交互系统，各方按照试点形成的规则进行互动，确保项目目标的实现。

13.2 需求响应业务流程规划

参考美国、日本、欧洲等地的需求响应业务实践，结合国家发改委相关试点要求，立足于企业用户的实际情况，规划需求响应业务流程如图 13－1 所示。

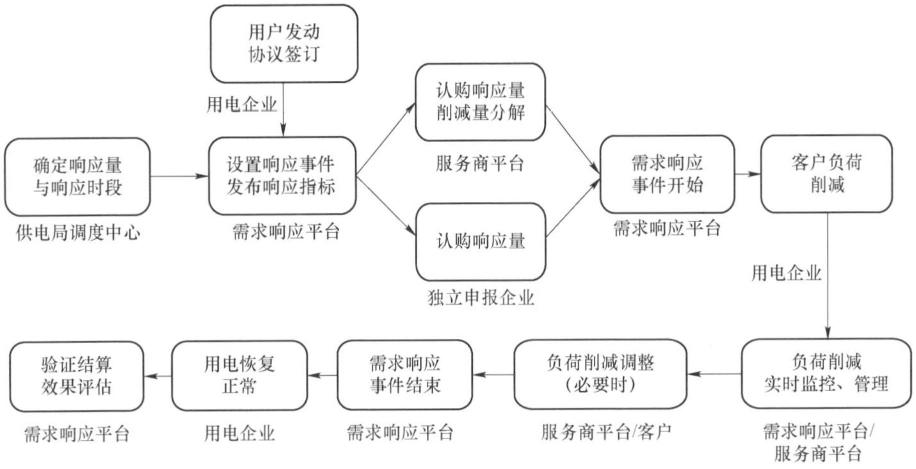

图 13－1 规划需求响应业务流程

规划需求响应业务流程描述如下：

（1）准备：发动负荷集成服务商或企业自愿参与，并与政府管理部门签订自动需求响应协议。企业可以自主选择直接参与的方式或者与负荷集成服务商合作参与的方式。

（2）发布：通过负荷预测提前一天（或者当天上午）在市需求响应平台发布需响应的负荷量，并通过市需求响应平台发布至需求响应负荷集成服务商平台或参与企业。

（3）负荷自动分配：市需求响应平台根据模型自动分配响应负荷至需求响应负荷集成服务商平台或参与企业，并通知参与企业。

（4）实施与监控：参与企业根据预先制定的需求响应策略对电力需求做出响应，通过市需求响应平台客户终端或负荷集成商提供的用户终端监测需求响应事件过程，并及时对削减负荷做出调整。

（5）效果评估：市需求响应平台根据负荷集成商或参与企业的实际负荷与基准负荷之差计算企业的响应负荷，并实施奖励。对于以负荷集成商为主体实施的需求响应试点结果，政府的奖励资金将与负荷集成商结算，参与企业的收益由负荷集成商根据双方协议结算。

13.3 电力需求响应试点多平台系统

需求响应平台业务功能包括负荷产品管理、负荷基线分析、响应事件管理、实施效果评估、用户能效分析等，为支持这些业务功能的有序执行，需求响应平台需要与多个业务系统协同工作，协同模式如图 13－2 所示。

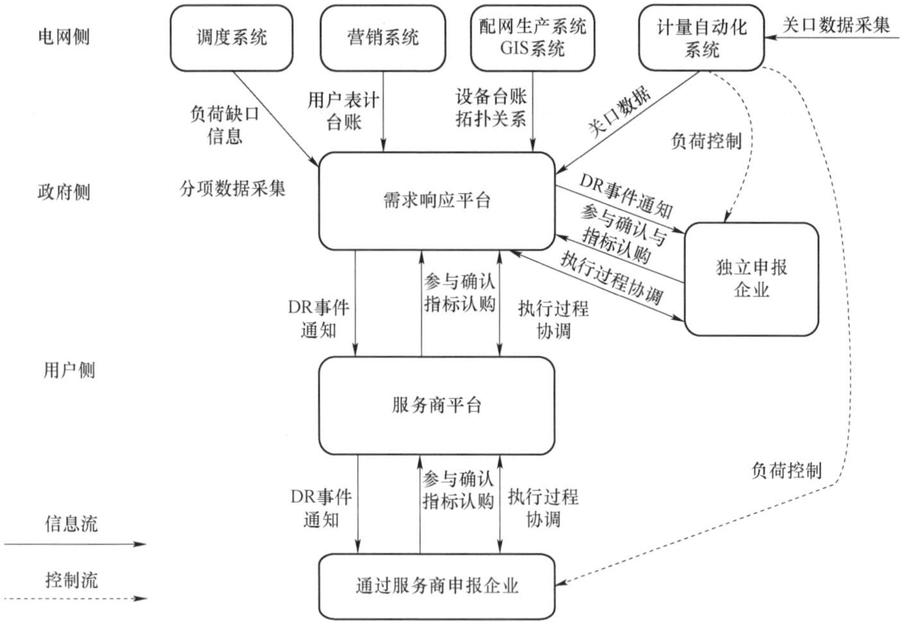

图 13－2　需求响应平台与相关业务系统的协同工作模式

（1）需求响应平台从供电局配网生产系统、GIS 系统、供电局营销系统、计量自动化系统获取电网设备台账信息、拓扑关系、用户表计台账信息、关口运行数据等，通过大数据技术分析用户负荷特性与响应潜力，经过反复筛选与讨论确定需求响应用户对象。

（2）当需求响应条件成熟时，供电局调度系统下达负荷缺口与事件指令至需求响应平台，需求响应平台发布 DR 事件。

（3）负荷集成服务商平台收到 DR 事件，将该事件通知转发给签约用户，用户根据自身情况进行权衡（负荷集成服务商可参与该过程），确定是否参与及认购量；负荷集成服务商平台汇集所有签约用户的认购情况，向需求响应平台发送是否参与及认购信息。

（4）独立申报企业收到 DR 事件，用户根据自身情况进行权衡，确定是否参与及认购量并发送至需求响应平台。

（5）需求响应平台发布认购信息，负荷集成服务商和独立申报企业做好响应事件操作准备。

（6）需求响应平台启动需求响应事件，通过计量自动化系统获取实时负荷数据，监管者对需求响应过程进行全程监控，并实时发布负荷消减情况。负荷集成服务商和独立申报企业可登陆需求响应平台查看需求响应执行整体状态及自身需求响应状态。当出现异常情况时由监管者与负荷集成服务商和独立申报企业借助需求响应平台协商交互解决。

（7）对于有条件的企业，可通过计量自动化系统实现负荷自动控制。

（8）需求响应事件完成后，需求响应平台依据国家发改委公布的计算方法确定用户的负荷消减量，并计算应发放补贴。

为方便不同用户使用，需求响应平台开发了功能类似的 WEB 版本与手机 App 版本，同时支持采用线上线下多种方式（如网站、电子邮件、电话、微信、短信等）的互动。

13.4 以客户为中心的多系统互动在试点中的应用

以某金属制造有限公司（以下简称用户 A）为例，描述试点事件中的 4 个典型业务场景：

（1）联合体采用需求响应平台的大数据分析手段确定用户 A 可能具备较大的需求响应潜力，用户 A 之前已收到了区政府下发的需求响应通知，并接受过区政府组织的需求响应培训，双方经过数次讨论，确定了所参与需求响应的负荷产品类型、响应申报量及需求响应策略，同时敲定了双方的需求响应补贴分成。

（2）联合体接收到 DR 事件通知，通过多种方式告知用户 A，经过双方协商与试验，决定参与此次事件，通过需求响应平台结合其他方式将参与确认与指标认购信息发送给监管方。

（3）在 DR 事件完成后，监管方计算出用户 A 的负荷消减量，若超过了认购指标量的 80%，则本次响应有效。监管方将在需求响应平台中公布本次 DR 事件的整体响应效果及每个服务商及用户的响应情况。

（4）截至 2015 年底，用户 A 已参与 4 次 DR 事件，每次均成功响应，得到了政府发放的 130 元/kW 的补贴（与服务商分成）。

通过参与需求响应，用户 A 不仅获得了政府补贴，减少了直接能源成本，而且贡献了绿色 GDP，体现了企业社会价值，提升了企业知名度，进一步的，以需求响应能力建设为契机，有望改进系统性能源管理能力，提升管理水平，提高能源利用效率，节省用能成本。

电力需求响应建立了参与主体的多方互动系统，根据互动规则运行需求响应事件，其中最重要的是需求响应量是否达到预期的数量、质量及反应速度。

（1）电网调度平台：根据电网供需平衡的缺口确定需求响应的事件，在需求响应实施期间实时关注需求响应电能服务商平台负荷削减集合情况及重点客户负荷削减情况及对区域负荷变化的影响与效果，如果需求响应出现异常，通过需求响应平台接口与电能服务商交流，提出要求或调整计划。

（2）政府平台：政府平台需要记录电能服务商与独立申报企业需求响应负荷削减的具体情况，并与电网调度平台保持交流，在需求响应事件中留下数字化痕迹，其中包括参与电能服务商、独立申报客户、负荷削减基准、削减量等。政府平台能够实时监测电能服务商平台的数据变化。

（3）电能服务商平台：电能服务商平台在需求响应事件运行阶段与终端客户保持紧密联系，并实时查看终端客户用电负荷变化，并与基线进行对比，确认客户的反应速度，负荷下降的趋势，同时需要实施了解负荷削减策略的实施情况及组合效果。

（4）客户端系统：电能服务商给电力用户配置了需求响应管理终端及手机应用软件，在客户的 PC 机上及手机上能够实时查看负荷削减策略的实施与用电负荷的变化，确定需求响应事件目标是否达到，如果没有达到的话，可以调整负荷削减策略，确保所承诺的负荷削减量达标。

（5）微信系统：电能服务商与其客户通过微信确认负荷削减策略实施与否，并与用户进行实时互动，解决削减策略与负荷反应以及数据等方面的问题。

13.5 存在的问题及改进思考

目前已建立的需求响应平台系统经过了试点的考验，互动平台在开始运行时也遇到了一些问题，例如数据传输、交互效果等，经过试点运行，目前的平台已经得到了不少的改进，但仍然存在自动化程度需要进一步提高，手机移动互动能力需要提高等问题。下一步的改进内容如下：

（1）需求响应市场配置资源手段需进一步丰富。虽然国内一些试点城市已经出台了峰谷分时电价政策，但峰谷电价执行范围有限且峰谷价差偏小，价格杠杆的作用有待进一步发挥。《电力需求侧管理办法》明确了电力需求侧管理专项资金来源渠道，但未以文件的形式落实项目资金分配比例及额度标准，需进一步完善，引入合理的激励机制降低投资风险，从财政、税收、贷款等方面对发展智能用电与需求响应给予充分的政策和资金支持，充分发挥价格等优化配置需求侧资源能力，以创建各利益相关方共赢的局面。

（2）需要建立需求响应标准规范。政策上提出针对技术服务课题研究的资金、设备条件支持，制定需求响应项目规划、建设、实施和评估的技术服务规范；制定需求响应信息模型、交换模型、接口、需求响应装备、通信设备的生产、安装和维护标准体系；制定需求响应各方沟通、服务标准，培育有效、快速、多样化的服务机制，消除自动需求响应互操作性方面的障碍，为需求响应项目的实施提供服务保证。

（3）需求响应平台需要进一步完善。随着电力供需形式的变化和发展低碳经济概念的提出，电力需求侧管理工作的重心更多地转向了提高用电效率、能效水平方面。各级电力需求侧管理平台的需求响功能建设和效果评价有待进一步完善，提升实效性。

14 未来需求侧管理模式思考

14.1 宏观发展趋势

国家电力需求侧管理城市综合试点取得了一些实践经验。由于电力需求侧资源极为丰富，面对未来发展的需要，没有更好的替代的东西，长期发展电力需求侧管理的趋势不可逆转。另外，在世界范围内，发展电力需求侧管理也是各国的发展战略。根据电力需求侧管理试点的实践、结合国内其他城市的发展情况以及国外在这方面的发展现状，我们对未来电力需求侧管理的发展趋势从政策、激励、需求、技术四个方面的分析如下。

1. 政策

（1）电力体制改革是规模地、可持续地发展电力需求侧管理的重大利好，尤其是以实时负荷的数据采集、模式识别、预测等为核心的电力需求响应已经体现出其重要性。一旦市场化电力体制形成，电力需求响应将成为一种重要的服务领域。

（2）随着城市空气质量改进、温室气体排放下降等压力、能源资源的稀缺问题日益显现、人们对电力需求侧有更多的理解等问题的出现和锐化，国家与地方政策将更加重视电力需求侧管理，将有更多的鼓励政策出现，电力需求侧管理将发挥越来越大的作用。

（3）未来将会出现能源总量控制、高峰负荷控制措施，这将成为形成市场化的需求侧管理的有力手段。

（4）未来各类电厂、输配电设施建设的审批将更加严格，政策将优先考虑需求响应资源、能效电厂资源等绿色能源的建设、使用。

（5）今后有序用电手段将用得越来越少，越来越慎重，地方政府对有限用电的批准将越来越难，电力短缺的解决方法将市场化。

（6）国家政策将进一步鼓励发展市场化的电能服务商，培养几个大而强的电能服务商。

2. 激励

（1）能源/负荷总量控制。政府的政策鼓励机制将会持续存在，其中包括中长期需求侧管理实施目标的制定、能源总量与负荷总量的确定与分解、售电放开后对售电企业实施电力需求侧管理的要求等。

（2）电价激励。电价激励是今后电力需求侧管理发展的一个主流趋势，例如尖峰电价、可中断电价、有利于需求响应发展的分时电价、甚至实时动态电价等电价激励措施，但是电改彻底前，电价激励的强度有限，政府在制定或调整电价方面持保守态度。

（3）政府补贴。在电改完成之前，用政府补贴的方式来发展电力需求侧管理仍然是一种有效的、难以取代的手段，这种现象在美国的电力需求响应发展过程中得以体现。目前情况下，电力需求侧管理发展的真正需求方是政府，不是电力公司，不是电能服务商，更不是终端电力用户。尤其在中国，电力需求侧管理的出发点是解决系统性问题，诸如大区域能源效率、供电安全、发输配电资产利用率、温室气体排放、雾霾、电价稳定等问题，江苏省在这方面已经走在前面。

（4）增值服务。电能服务商通过能源服务、能源大数据服务、平台服务、管理服务等创建了保持客户黏性的同时把需求响应作为辅助手段的带动发展模式，这种模式在电改之前可能是主流的激励需求响应持续发展的模式。

（5）市场交易。售电放开后，电力需求响应资源参加日期交易市场应该是主流趋势，这种交易发生的需求方是电网公司、售电公司、发电厂或者需要扩大生产增容或有临时负荷需求的企业，供应方则是电能服务商、终端电力用户、分布能源、新能源、储能系统以及电动汽车等。

（6）减少有序用电。在用电高峰期电力短期的情况下，鼓励采用需求响应的方式参加有序用电将成为一个固定的政策激励措施，电网公司必须优先实行需求响应机制。

（7）PPP 项目模式。PPP 模式推动需求侧管理项目，政府、社会资金共同投入需求侧管理项目，国家应该会考虑建立电力需求侧发展基金，采用企业资金匹配的方式进一步开展需求侧管理的试点、推广、产业发展项目。

3. 市场需求

（1）由于新能源、分布发电、储能、自备电厂放开、微电网等入网，电网平衡将面临更大的挑战，仅考虑电源侧的调度、容量减少已越来越无法满足供电正常与安全的基本需要。需求侧是一个巨大的资源宝库，电网公司目前已经在积极探索研究如何了解、利用需求侧的特性确保电网公司的基本职能及正常供电与电网安全等问题。今后电力需求侧管理将是电网公司的一个基本需求，而不是一种可有可无的因素。

（2）随着电力体制的改革，个性化服务、个性化需求将更加凸显，在电力紧缺的时候将有越来越多的企业不能参加有序用电；相反，随着经济增长的缓慢，满足客户需要、保持生产用电的供电可靠性将变得越来越重要。因此，今后将有企业在电力短缺的时候愿意为购买负荷/用电使用权付费。

（3）随着电改与科技的发展，对电力需求响应的需求将会越来越多，具体如图 14－1 所示。未来需求响应资源的需求各方，包括政府、电网公司等需要站在生产与安全的角度从需求侧获得一定的调频调幅的资源，以弥补高峰电力缺口或提供电力辅助服务。在所有对电力需求响应资源的需求方中，目前只有国家与电网公司的需求是真实存在，其他各方的需求如与国家电力体制紧密相关的需求，或者是新能源与微电网的并网对电力需求响应资源的需要（这是欧洲与日本的主要模式）等。因此，电力改革对于需求侧的发展十分重要。

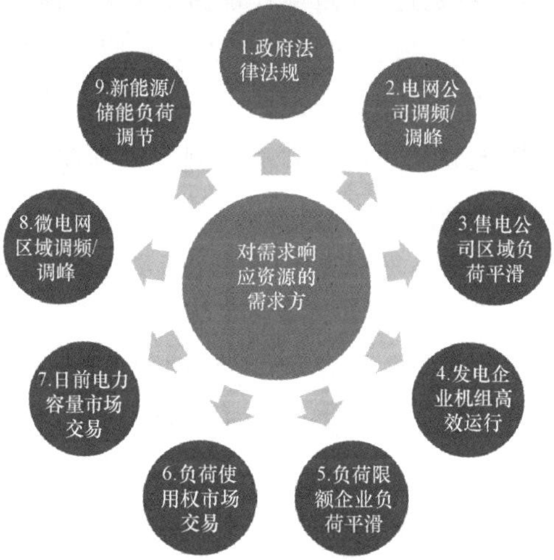

图 14－1　对需求响应资源的需求方

4. 技术发展方向

（1）需求侧管理成为智能电网、能源互联网、智慧能源的基础，电力需求侧管理的技术扩展空间如图 14－2 所示。从该图中可以看出，在各类现代能源科技之上的是电力需求侧管理，电力需求侧之上是智能电网，当智能电网模式覆盖天然气、水、交通能内容时即转向能源互联网，最后成为智慧能源系统。

（2）分布储能将成为电力需求响应的主要方向之一。

（3）随着能源供应的分布化，需求响应（DR）、能效电厂（EE）与分布发电（DG）联系将越来越紧密，而联系的桥梁是需求响应系统。

（4）智能化、规模化、自动化是电力需求响应发展的主流方向，更先进的控制技术、系统优化技术及自动化技术将越来越多地与需求侧管理相结合。

（5）数据采集装置的成本有可能大幅度下降，未来电力需求侧管理将越来越复杂、规模越来越大。

（6）电力需求响应的思路、方法将有可能用于解决诸如天然气、水、交通管理等一系列资源稀缺、紧缺的领域，这些领域体现出与电力类似的属性，例如总量供需平衡，需求有高峰期与低峰期，系统建设与改造投资比较大、周期长等。

图 14－2　电力需求侧管理的技术扩展空间

14.2 下 一 步 的 思 考

根据以上的分析，初步确定电力需求侧管理城市综合试点的方向为路径，即巩固需求响应的试点成果，将现有的需求响应资源分类、提炼可以直接调用的调峰/调频柔性负荷资源；同时在电力需求响应设施基础上，大力发展数字化增值服务，与工业4.0建设相结合，发展电力需求侧管理产业，帮助创新驱动、转型发展，具体目标、总体思路与重要举措如下：

1. 目标

（1）支持电力需求响应试点模式推广，十三五期末应用电力需求响应资源达50万kW，包括快速需求响应资源5万～8万kW，建立应用电力需求响应作为电网日常调频/调峰工作的实际案例；

（2）将电力需求响应作为缓解局部线路与变电站容量建设或扩展的手段，建立采用需求响应节省或延迟紧缺地区输变电设施投资的实际案例；

（3）研究电力需求响应与新能源、分布储能、电动汽车充电、分布发电的联动技术与运作机制，运用电力需求响应降低新能源、储能、电动汽车充电、分布发电等并网的影响；

（4）将电力需求响应作为智能电网客户互动与增值服务的手段，提高客户满意度。

2. 总体思路

响应国家电力体制改革的要求，坚持统筹规划、因地制宜、先进高效、清洁环保、开放互动、服务民生等基本原则，在智能电网建设中，充分考虑电力需求响应的同步发展，充分发挥电力需求响应在智能电网、能源互联网发展中的引导作用。与特高压发展对应，通过电力需求响应建立由下至上的能源互联网，同时在电力需求响应资源的开发过程中，培育电能服务商、鼓励商业模式创新、培育新的经济增长点。

3. 重要举措

（1）充分利用签约企业需要继续参加需求响应事件的要求，与客户保持黏性，大力开发推广客户增值服务内容。

（2）将电力需求响应纳入年度电力容量缺口补充资源，建立需求响应资源与有序用电的联动调度平台与机制。

（3）建立电力需求响应资源能力、质量水平、多样性、实施效果等科学、有效的评价办法。

（4）研究建立电力需求响应资源调度经济核算与价格补偿机制。

（5）重视15min电力负荷数据管理，为售电公司及终端客户提供有偿数据服务。

（6）推动实施电力需求响应资源市场交易机制，在广州交易市场允许将需求响应资源作为一个交易品种。

（7）开展商业建筑、居民电力需求响应试点研究。

（8）开展屋顶太阳能、储能、电动汽车充电桩、微电网联动电力需求响应研究及 iDSM 系统建设。

（9）与供电局调度系统融合，发挥需求响应的作用，争取电网公司试点项目，例如30分钟以内的响应机制、技术方法、资源筛选等。

（10）积极为需求响应参加广东电力市场交易做准备，例如日前市场。

（11）如何把初步挖掘出来的资源细化、分类，对电网公司的需求/客户本身的需求准备，可以使用。

（12）用现有的方法、经验，扩展到其他方面，特别是日前市场对客户负荷数据的要求、预测等，可以从电改文件中找到对实时负荷数据的要求。

（13）打造“互联网+”能源及智慧能源管理平台。开发完善面向政府、供电、用电企业、电能服务公司的应用功能，完成企业用电数据接入，实现各系统互联、互通，构建平台安全防护体系，达到三级安全防护标准，确保数据安全。在实现在线监测、决策分析、项目管理与统计、有序用电以及需求侧响应等功能基础上，进一步加强经济运行分析、分行业用电趋势、数据深度挖掘分析、节能诊断、平台服务及互动等，充分发挥平台积极作用，实现用电管理“数字化、网络化、可视化、专业化”，体现对电力用户“以需定用”“以需定供”的负荷管理的特色。以电力需求侧管理平台为基础，整合区域能源管理中心系统，扩展水、煤、汽油等能源数据，形成综合能源管理体系，运用互联网及大数据技术，实现能源产业电商化和需求侧大数据的社会化应用，完成从管理数据向经营大数据、管理应用向互联网应用的转变，将该平台打造为“互联网+”能源及智慧能源管理平台。

（14）进一步打造自动需求响应示范工程。按照市政府批复的自动需求响应建设方案要求，全面推进试点项目的实施，充分利用有序用电管理经验，建立激励机制，通过技术和经济手段提高用户参与积极性。通过自动需求响应等级和负荷响应分类，实现负荷自动控制和信息实时传递，推动企业整体效益提升，树立示范并推广实施。通过试点建设，充分发挥自动需求响应削峰填谷和消纳间歇性能源的重要作用，提高电力应急处置能力，确保电网安全稳定运行。